AMÉLIA ALVES, ANA CRUZ, CIZINHO AFREEKA, CONCEIÇÃO EVARISTO, DELEY DE ACARI, ÉLE SEMOG, ELISA LUCINDA, EUSTÁQUIO LAWA, HÉLIO DE ASSIS, JOSÉ JORGE SIQUEIRA, JUREMA ARAUJO, LIA VIEIRA, LUIS TURIBA, SALGADO MARANHÃO, VIVALDE BRANDÃO C. FILHO

AMOR E OUTRAS REVOLUÇÕES
GRUPO NEGRÍCIA

Antologia poética
2ª edição revisada

Organização de Éle Semog

CUMPLICIDADE*

José Carlos Limeira

Neste momento
em que as vozes
já se ouvem claras,
ou mesmo vindas
do fundo da noite,
dos porões da vida.

Não quero de você
um grito,
que não tenhas coragem,
ou consciência de dar.
Mas tente pelo menos
um sussurro,
que seja,
da medida exata
do que acreditas;
e no momento do medo,
não te quero herói.
Não!

Eu te amarei também
se me fores,
sobretudo,
cúmplice!

*Poema publicado no livro 'Atabaques', no ano de 1983, em parceria com Éle Semog.

AMOR E OUTRAS REVOLUÇÕES
GRUPO NEGRÍCIA

Antologia poética

Organização de Éle Semog

Copyright © 2019 Editora Malê Todos os direitos reservados.
ISBN: 978-85-92736-54-5

Editora Malê
Direção: Vagner Amaro e Francisco Jorge
Editor: Vagner Amaro
Capa: Dandarra de Santana
Editoração: Ana Paula Cunha
Revisão: Léia Coelho

Texto revisado segundo o novo Acordo Ortográfico da Língua Portuguesa. Proibida a reprodução, no todo, ou em parte, através de quaisquer meios. Dados internacionais de catalogação na publicação (CIP) Vagner Amaro. CRB-7/5224

A524   Amor e outras revoluções, Grupo Negrícia: antologia poética / organização de Éle Semog – Rio de Janeiro: Malê, 2019.
288 p.; 19 cm.
ISBN: 978-85-92736-54-5

1. Poesia brasileira I. Semog, Éle II. Título
CDD – B869.1

Índice para catálogo sistemático: Poesia brasileira B869.1

Todos os direitos reservados à Malê Editora e Produtora Cultural Ltda.
www.editoramale.com.br
contato@editoramale.com.br

SUMÁRIO

APRESENTAÇÃO 13
PREFÁCIO 15
AMÉLIA ALVES 21
Atrás das borboletas azuis 23
Diáspora 26
Saga 27
Nanã 28
Meninas de Iemanjá 29
Azinhavre 30
Instantâneo 32
Corpo fechado 33
Aruanda 34
Ancestrais 35

ANA CRUZ 37
Agradecimento 39
História 40
Retinta 41
Linguaruda 42
Desejo 43
Recordações 44

São flores de plástico?...45

Nossas senhoras...46

Não desisti de mim..47

Fé ressignificada...48

Vocativo...49

CIZINHO AFREEKA 51

Áfrika a fica..53

Broxar é com X? Não sei, nunca broxei..54

Amada..55

A bala come..56

Amor preto..58

Extermínio...59

Ressonância..60

Revide..61

Nós, Pés...62

Dieta saudável..63

Universo contido..64

CONCEIÇÃO EVARISTO..67

Recordar é preciso...69

Eu-mulher...70

Do feto que em mim brota...71

A menina e a pipa-borboleta..72

O menino e a bola..73

Estrelas desérticas..74

Flor magnólia...75

Se à noite fizer sol..76

Do fogo que em mim arde..77

Apesar das acontecências do banzo..78

DELEY DE ACARI..81

Pelos pacatos que se foram 83

Cuidações amigas...86

Sem você ainda somos a espera, com você somos a esperança!........88

Evidência negra..90

Um real na favela vale muito..91

Favela: cem anos..93

Se ficam impunes... nos chacinam a dignidade...........................94

Quebrou a negona da Maré, né? Ai de ti quando a justa espada de Ogunté te ceifar...96

ÉLE SEMOG..99

Outrasnotícias..101

Dançando negro..102

Íntimo dado...103

Filosofia de fundo..104

Eu e o não eu...105

Idas e perdas..106
Poema de amor sobre a vida inteira de cada pessoa............................107
Poema de amor para você e o nosso filho...110
Rascunhos de um cotidiano..111
Vermelho, vermelho..113

ELISA LUCINDA...117
Última moda...119
Libação...121
Mulata exportação..123
Profecia 125
O poema do semelhante...126
A fúria da beleza...129
A herança ou o último quilombo..131
Da foda vindes..133
Credo..134
Mantimento..135

EUSTÁQUIO LAWA..137
Axé e filosofia...139
Lusco-fusco...140
Ao hontem..141
Bafo-bafo, Pipa e zoológico..143
Sobras...145

Boiuna..146

Nós..149

Leda e o cavalo...150

Quando éramos tribo parte 1/3..152

Quando éramos tribo parte 2/3..156

Quando éramos tribo parte 3/3..159

Traçado...162

HÉLIO DE ASSIS...165

Manuel Congo...167

Arrastão..169

Paisagens..170

Cotas..171

Brasileirinho..172

Favela..174

Loucos...176

Cabocla Yara..177

De Ferro, Carvão e Brasa..179

Sonata para Carolina...181

JOSÉ JORGE SIQUEIRA...185

Civilização material...187

Barroco Mineiro...188

BN...189

Solidão da palavra..................190
Antologia drummondiana..................191
Questão de cor?..................192
Sàngó..................193
Balé do Cais do Valongo..................194
Gramatical sentimento..................195
Em busca da ontologia do ser..................196

JUREMA ARAÚJO..................199
A negra que sou..................201
A vida dos bichos..................203
Voo sinestésico..................204
Crítica ao extermínio..................207
Se o mundo acabasse..................208
Lamento (ou o maior golpe do mundo, ou, a dor dos pobres é pieguice para os intelectuais e outros pseudo ais)..................209
Improvávelressurreição..................210
Solidariedade..................211
À Nanã..................213
Fruto da diáspora..................215

LIA VIEIRA..................217
Nós voláteis..................219
Ânsia..................220

222	221
Mulher de marinheiro	222
Mulhertorturada	223
Não sei fazer o jogo	224
Soledad	225
L'amour	226
Aborto, um direito só meu	227
Autobiografia	228
Fêmea/mulher	229
LUIS TURIBA	233
Ergo	235
Quem mandou matar Marielle?!	236
Laroyê	239
Sus tenta bilidade	243
Língua à brasileira	244
Réstia	246
Glo(bar)libar	248
LaMar	250
Travessia	252
Brasileiro	254
SALGADO MARANHÃO	259
Delimites 10	261

Voz..263

A fênix...264

Grão...265

Movimento...266

Delimites 4..267

A mirada...269

Felino...270

O azul e as farpas...271

Paisagem nua..272

VIVALDE BRANDÃO COUTO FILHO...275

Quero-quero..277

Campeando no Serro do onça...278

Cê qué u quê?...279

Compreenda..280

Farroupilha..281

Gosto de você querida..282

Não consigo achar os seus retratos......................................283

O povo..284

O sono segue o sol..285

APRESENTAÇÃO

Em meados de 2018, conversando com Hélio de Assis e Deley de Acari, num recital em Copacabana surgiu, mais uma vez em 37 anos, a ideia de publicação de uma antologia do Grupo Negrícia Poesia e Arte de Crioulo, redivivo (e remoçado) em todos nós, vivos. Conversei então com o Vagner Amaro, editor da Editora Malê, que imediatamente abraçou a proposta.

Nossas discussões evoluíram para uma publicação que expresse não apenas a literatura afro-brasileira que impusemos na cena literária para combater o racismo brasileiro, mas também a literatura de resistência política que começou a ser produzida por jovens escritores naqueles idos dos anos de 1970, quando enfrentávamos a ditadura militar. Fazíamos uma escrita ousada, de qualidade e impertinente que de certa forma matem o seu papel - agora também com novos poetas, de expressar por meio do poema a síntese do ser humano em todas as suas complexidades.

Pensamos então que além dos poetas do Negrícia (o grupo também abrigava músicos, cartunistas e atores), devíamos convidar alguns outros de expressiva atuação que naquele momento eram próximos e estavam na mesma empreitada literária. Assim, além de nós do Negrícia - José Jorge Siqueira, Eustáquio Lawa, Hélio de Assis, Deley de Acari, Conceição Evaristo e Éle Semog -, (não conseguimos localizar o Paulo Maurício Guiné, além da perda breve dos poetas Hermógenes da Silva Filho e José Carlos Limeira); convidamos Vivalde Brandão Couto (poeta "mouro" do Grupo Bate-Boca voltado para o apoio a anistia política, do qual fomos fundadores, cuja escrita poética são afetos e supetões surpreendentes como a vida fosse um repente); Lia Vieira (poeta negra de Niterói, militante histórica da literatura afro-brasileira, cujo texto marca os contínuos do cotidiano que são interrompidos pela cena poética); Salgado Maranhão (companheiro de muitas empreitadas, de texto agudo que mobiliza pelo lapidar do sentido dado a cada palavra, desde a organização do livro "Ebulição da Escrivatura", publicado pela Editora Civilização Brasileira em 1978), a poeta Elisa Lucinda, (contemporânea de uma escrita negra, inovadora no trato explícito da palavra feminino, onde as emoções se expandem até enredar o semelhante na sua própria intimidade), o poeta Luis Turiba (cuja contribuição à literatura brasileira, para além dos seus provocativos poemas, nos brindou com as edições da revista BRIC a BRAC), da poeta Amélia Alves (que de Campos dos Goitacazes, no meio dos canaviais, onde fundou o Grupo Uni-Verso, enquanto o Negrícia se digladiava contra a fúria racista, ela impunha uma poética negra, lapidando a palavra de tal forma, que negro e poesia são simbioses nos seus textos) e a poeta Ana Cruz (militante política e militante da poesia, que com seus versos nos mobiliza os sentidos, as sensações e a própria vida no que ela tem de mais instigante nos sentidos da alma negra).

Cizinho Afreeka (poeta negro, militante e fundador do recital Desacato Lírico) e Jurema Araújo (mulher negra do Rio de Janeiro que tem expressiva atuação, especialmente nas escolas públicas), são convidados muito especiais escolhidos a versos pelo Grupo Negrícia Poesia e Arte de Crioulo.

Éle Semog

#NEGRÍCIAPRESENTE!

Eduardo de Assis Duarte*

> A noite é bela,
> como as faces
> do meu povo.
> As estrelas são belas,
> como os olhos
> do meu povo.
> Belo, também,
> é o sol,
> belas também são
> as almas do meu povo.[1]**
>
> Langston Hughes, "My people"
> 1923

Fundado 1982, no contexto da abertura "lenta, gradual e segura", que marcou o fim da ditadura militar, o coletivo de escritores Negrícia Poesia e Arte de Crioulo abrigou em seu seio poetas e ficcionistas empenhados em tomar a palavra e interferir na arena discursiva onde se construíam tanto as narrativas do passado, quanto as da futura nação democrática sonhada pelos brasileiros. E o fez encarando a poesia como gesto político: o livro como arma que arma a fala do Outro; e o verso como condutor das figurações do pensamento de afirmação da afrodescendência e aquisição da cidadania plena.

Foram tempos de Ebulição da escrivatura, sugestivo título da antologia publicada anos antes pela Civilização Brasileira reunindo

---

[1]** The night is beautiful,/so the faces of my people./The stars are beautiful,/so the eyes of my people./Beautiful, also, is the Sun./Beautiful, also, are the souls of my people. Trad. nossa.

"treze poetas impossíveis", entre eles dois aqui presentes, Éle Semog e Salgado Maranhão, organizador da coletânea. Ebulição presente em todo o país, em todas as artes. A cidade das letras negras made in Rio se irmana às letras paulistas do Quilombhoje, às gaúchas do Palmares, e às baianas do GENS, entre outras. De norte a sul do país, é toda uma geração a reivindicar e se fazer presente, a refletir e se expressar em consonância com "seu tempo e seu país", como já prescrevera Machado de Assis um século antes. Nesse diálogo, ecoa o passado recente do Teatro Experimental do Negro, de Abdias Nascimento, a poesia e o teatro de Solano Trindade e de tantos outros precursores, dentro e fora do Brasil.

"Nossos passos vêm de longe" é mantra ainda hoje presente em falas de poetas e ficcionistas afro-brasileiros atuantes nas últimas décadas. Finda a censura ditatorial, amplia-se o debate, e se refaz o acesso ao arquivo da literatura negra produzida no Ocidente. Publicados em 1923, os versos do afro-estadunidense Langston Hughes, citados em epígrafe, ilustram a retomada moderna que consolida uma tradição presente nas Américas desde o século XIX. E mostram o caminho que, a partir da Renascença do Harlem, será trilhado pelo fenômeno da Literatura Negra – primeiro movimento literário transnacional iniciado nas Américas e só mais tarde implantado na Europa pelos escritores da Négritude francófona dos anos 1930 e seguintes.

A par da linearidade e clareza implícitas aos propósitos que os norteiam, os versos de Hughes recuperam tanto a postura dos escritos diaspóricos dos séculos anteriores, quanto a milenar tradição dos griots africanos: a figuração do poeta como porta-voz, conhecedor das relações entre saber e poder, que fala por si e por sua comunidade. Tais versos apontam ainda para o futuro, antecipam o black is beautiful dos anos de 1960-70, e anunciam uma tendência que irá se manifestar em praticamente todos os países em que autores negros se puseram a falar de e para sua gente: afirmação identitária, reconhecimento da multifacetada herança cultural africana, reivindicação de direitos, libelo antirracista.

Os versos do poeta o colocam como ser de seu tempo e de seu lugar. À noite iluminada pelos olhos-estrelas do povo negro se agregam as almas solares, a povoar os espaços da diáspora com os saberes ancestrais trazidos nos tumbeiros. A estes se soma a memória dos antepassados, "cheinhos de inteligência", como inscreve Solano Trindade, mas ainda marcados pelos ecos das correntes arrastadas. Poesia-presença, a encenar o hoje e pensar o amanhã sem tirar olhos e ouvidos do ontem. Poesia-arquivo, poesia-memória.

Esse intercâmbio entre tempos, espaços e, sobretudo, sentidos marcados pelas falas do negro se mantém vivo na contemporaneidade e concede força e substância às páginas que se seguem. Passados 37 anos, o Grupo Negrícia se faz presente nessa reunião antológica em que os remanescentes da formação inicial se juntam a companheiras e companheiros de geração, anseios e projetos. E não só temos de volta Semog, Conceição, Lawa, Deley, Hélio e Siqueira. O livro recebe ainda os versos de Elisa Lucinda, Salgado Maranhão, Ana Cruz, Luís Turiba, Amélia Alves, Lia Vieira, Vivande B. Filho, Jurema Araújo e Cizinho Afreeka.

Amor e outras revoluções revela ao leitor a forma múltipla e, talvez por isto mesmo, inquietante, da poesia negra contemporânea. O gesto político se explicita desde as primeiras páginas, em que Amélia Alves exalta a escola como espaço de afirmação. Colocado na abertura da antologia, "Atrás das Borboletas azuis" eleva-se a metáfora de todo o livro, também ele um arquivo revelador de ensinamentos e aprendizagens. O tom se eleva nos versos de Ana Cruz, ao construir uma sarcástica "gratidão sincera", "ao homem para quem eu e meus nove irmãos / fomos trabalhar, aos sete anos de idade, doze horas por dia, por casa e comida." E assim prossegue em "Revide", de Cizinho Afreeka: "Nos quer doces / Dóceis / Quem nos impôs / O lado amargo

/ Da cana de açúcar". Ganha contornos de violência sexual em "A Menina e a pipa-borboleta", de Conceição Evaristo: "E depois, sempre dilacerada, / a menina expulsou de si / uma boneca / ensanguentada / que afundou num banheiro / público qualquer."

O ímpeto de denúncia e protesto explicita a violência contemporânea sofrida pelos subalternos, como nos textos de Deley de Acari: "Porque amamos a paz / Pensam que tememos a guerra"; e também nos de Éle Semog: "Pois sei que as balas dos patrões, / que as balas dos políticos, da polícia / correm atrás de mim sem-terra, / correm atrás de mim sem-teto, / correm atrás das minhas razões". A indignação toma a forma de libelo acusatório em "Quem mandou matar Marielle", de Luis Turiba: "são tropas / comandos / são quadrilhas / são milícias / polícias / sem treliças". Prossegue com força em "Arrastão", de Hélio de Assis: "Ontem / Arrastavam correntes / Hoje descontentes / Arrastam gentes". Passa também pelo poderoso verbo poético de Salgado Maranhão: "e de blues e urublues / ouço a moenda / dos novos senhores de escravos / com suas fezes de ouro / com seus corações de escarro"; para desaguar nas inscrições metapoéticas de Eustáquio Lawa: "Os quilombos de hoje em dia / Não têm bairro ou geografia / E estão por toda parte / Na Prosa e na Poesia".

A entonação quilombista se faz presente também entre as poetas atentas à intersecção de etnicidade e gênero, como nos versos já clássicos de Elisa Lucinda: "Seu Juiz, não adianta! Opressão, Barbaridade, Genocídio / nada disso se cura trepando com uma escura!". Ou na escrita também indignada de Jurema Araújo: "Eu, a porca, gestos burros e porcos / para puxarem as carroças dos nossos donos. / Você, burro, fecunda-me [...] lembre-se que você é um burro / e dê graças ao senhor!". E ainda na explosão poético-retórica de Lia Vieira: "MEU VERDUGO GOZA. / Meus olhos marejam em suprema humilhação", aos quais se segue o emblema feminista transmutado em poesia: "Aborto ... um direito só meu".

Assim, Amor e outras revoluções faz jus ao nome de batismo. O amor aqui presente é também polimórfico, cheio de desvãos e pontos fora da curva canônica. Em "Poema de amor sobre a vida inteira de cada pessoa", Éle Semog faz o sentimento surgir com "vieses de alegria", para em seguida, torná-lo "obsceno em sua fúria". Já Deley de Acari se desdobra em versos carinhosos: "Cuidando d'ocê / Eu cuido d'eu! / Ocê deix'eu / Cuida d'ocê / É seu jeito / De cuida d'eu!", para mais tarde inscrever uma tocante declaração sobre o amor que constrói a masculinidade não-tóxica em "Sem você ainda somos a espera, com você somos a esperança".

Com efeito, ao reunir a poesia de quinze vozes negras contemporâneas, Amor e outras revoluções demonstra o vigor criativo do Grupo Negrícia e da escrita afro-brasileira contemporânea, como bem sintetizam os versos de Salgado Maranhão: "aceito o temporal – redemoinho / de pedras: tanto degrau... tanta esgrima... / e ao ter somente a voz como caminho / agarro a poesia pela crina / e me arrimo na minha própria rima." São, portanto, vozes e falas conectadas, que vêm de longe, sem deixar de serem sujeitos-testemunhas de seu tempo e de seu país.

---

[*] Eduardo de Assis Duarte é professor da Faculdade de Letras da UFMG e Coordenador do literafro – Portal da Literatura Afro-Brasileira, disponível no endereço: www.letras.ufmg.br/literafro. Organizou, entre outros, Machado de Assis afrodescendente – escritos de caramujo (2007), a coleção Literatura e Afrodescendência no Brasil – antologia crítica (4 vol., 2011), e os volumes didáticos Literatura afro-brasileira – 100 autores do século XVIII ao XXI (2014) e Literatura afro-brasileira – abordagens na sala de aula (2014).

AMÉLIA ALVES

ATRÁS DAS BORBOLETAS AZUIS

Para Maria do Carmo de Almeida Alves

I
Na escola, o espaço vazio
é como falha em boca de primeira dentição,
lugar nenhum que pretende ser algum lugar
– por aqui passaram índios, negros e brancos,
hora nenhuma que pretende se fazer atual,
caminho nenhum que pretende ser trilha,
avenida aberta pra passagem do sonho
de pessoa alguma que pretende ser gente
–ser nenhum que busca ser-se,
como o ovo de Colombo
pondo-se de pé sobre si mesmo.

II
Na escola, a carteira vazia
é o lugar de plantar utopia,
da multidão de anônimos
de onde Maria das Dores
entrou pelo mapa saiu pela culatra
deu tiro na sorte e virou professora:
Dona Dasdor, Dasdorinha, Dasdora
de pele negra e mãos finas de pegar o giz
e amaciar as dores de seu país.

III
Do giz de Dasdora saíam sílabas
que geravam palavras no negro da lousa
que escreviam o Brasil que tanto queriam ver,
de borboleta azulada que no verde da mata pousa

no colorido das coisas que pensava construir.
no pedaço de chão que queria partir
em muitas estrelas
– constelação de alunos de raças e classes diferentes
Que tudo era cruzeiro do sul e rosa dos ventos:
o norte pra lá, o nordeste pra cá
o centro-oeste no meio, o sul mais embaixo
– buraco fundo da existência azul de anil
(Quem sabe daqui um presidente do Brasil?).

IV
Mas, o Brasil imenso não cabia na mão,
nem era como o mundo redondo
girando infrene na imensidão,
de verde, amarelo, azul e branco.
Era tudo só estrela pra contar.

V
Dasdor nunca perdoou Ouro Preto
pela delação de Tiradentes
pelo esforço negro carregando
o ouro das igrejas
as pesadas pedras do calçamento
pelo rastro de sangue de Felipe dos Santos
esquartejado e partido em pedaços,
pelos lastros de heróis perdidos
nas matas nos buracos das minas
na poeira do ferro e do carvão
nos passos da crucificação.

VI
Ensinava tudo com apuro:

a chegada no porto seguro,
a primeira missa, as entradas pelo oeste
– os índios goitacazes morreram de peste!
Onde estarão tupis e tapuias?
Tudo coisa da imaginação.
Mas no livro tinha isso não.
Dasdor sabia de ouvir contar,
Contava de ouvir falar.

VII
E quando pensava o Brasil
tinha sempre soldado de espada na cinta e ginete na mão.

DIÁSPORA

No útero da mãe África
Fervilham os seios que amamentam os filhos do amanhã
e costuram os tecidos da verdade temporã na América
de tantos escravos e navios negreiros aportados
Na escuridão de brasis, jamaicas, cubas e haitis
– todos mortos por terras e serras maestras
de amanheceres construídos com baionetas e fuzis.

Em portos ricos e bahias, cantaremos a sorte
da sobrevivência sobre tanta morte.
No encontro te elegeremos – ilê-ayê,
e flutuaremos, como velas nascidas da renitência,
em aflitas razões, racismo e resistência,
ao som de atabaques, tambores e tamborins
e também assim faremos um samba na Mangueira
ou entoaremos um blues em New Orleans.

Vasculharemos tudo: instintos, sentimentos, religiões,
raízes indevassadas e meras intuições.
De onde nos tiraram as verdades,
Sucumbiram saudades e lamentos.
E depois, ainda mais escravidão.

No ruir e tudo, memória e banzo.
O novo mundo é quando?

SAGA

Reconstruindo Nova Orleans ao ritmo de jazz e blues.

Quando o vento bateu forte na janela,
o sax soou em busca da melodia.
Quando a água invadiu a casa decorada de notas musicais,
adiou-se por eterno e sempre o Mardi Gras.
No que em noite se fez o dia,
o verso triste que invadiu o Mississippi.

Ah, Mark Twain, chama de volta os spirituals
que cantem canções de redenção, pelas plantations,
revisita o azul do mar e o branco do lago submerso,
reencontra a margem de suas histórias tantas.

Restitui a cidade às quantas verdades de seu lugar de origem,
enquanto possa recolher das águas o seu berço de jazz e blues,
porquanto seja possível clamar aos "santos em marcha" a volta
dos anjos que a construíram negra e eternamente claridade e luz.

Ah, Tom Sawyer, pula o dique invadido pelo Katrina
e reconstrói o navio – barca de volta pro sonho!

NANÃ

– em lembrança do maestro Moacir Santos

Essa noite quando eu vi Nanã,
vi a minha deusa ao luar.

Ao luar, te vi organizando o universo:
cada estrela em seu lugar próprio
cada planeta expresso em reverso
da terra revisitada, a meus pés,
girando – sem violência ou viés.

A casa arrumada de flores,
a varanda plena de perfumes e ares
as redes do descanso quase eterno
em perene estado de disponibilidade,
na direção do porvir de olhares

sobre o que se faz ordem, paz e calma,
em puro estado de sensação repleta
de que tudo pode ser por devoção ou acaso
de me existir feliz e completa.
E revestir-me de corpo e alma,

em mero ocaso.

MENINAS DE IEMANJÁ

Lá vão de branco as meninas.
Trazem nas mãos pequeninas
palmas e rosas e rendas,
numa sacola de prendas.

São moças sós e solteiras,
são pobres, são lavadeiras
lavando tristeza e dor,
em busca de um grande amor.

Lá vão assim tão serenas
as filhas de Iemanjá.
Vão tão puras e tão plenas
o ano novo festejar.

Vão andando, vão sorrindo,
vão correndo para o mar,
encontrar o moço lindo
com quem querem se casar.
E no minuto primeiro
do ano que pulsa ao chegar,
se o moço não for ligeiro,
podem até se afogar.

Lá vão as meninas vestidas
de branca luz de luar.
E mesmo que tão sofridas,
doces rainhas do mar.

AZINHAVRE

Na boca cansada de lamento e apelo,
pintou batom vermelho.
No bojo do tempo, em decoro e desvelo,
passou ruge no espelho.
E sambou como nunca
– porta-estandarte, destarte.

Na face em fogo, tisnada de sol e suor,
bebeu veneno e ferrugem.
De tanto correr, conviver, compartir,
vestiu algodão e trapiche.
E aprendeu a vida de cor
– colar de azeviche.

No sonho a sono perdido,
foi mudando de tempo e idade.
Afogou-se na bacia de roupa,
e enxugou muita verdade,
com tudo que em vão reclama
– a própria chama.

E viveu feito louca:
disse sim disse não,
acendeu vela pra defunto pagão (e quanto!),
Mas, foi tudo coisa pouca,
Menos do que a dor da pele tinha
–coisa mesma comezinha!

Lavou-se a água e cloro, poro por poro,
– impureza, devassidão, tristeza e choro.

Sentiu o que tinha de mais claro
e exorcizou com tudo que é santo
essa crosta de animal raro
que padece e cresce por tanto
tentar ser o que se quer:
negra e mulher.

INSTANTÂNEO

Estampado no painel em plena avenida,
o rosto da criança assim tão negro e lindo
é como apelo em traço de esperança;
mais que foto perdida no tempo,
é fortuito e claro testamento;
mais que sorriso de quem se afiança,
é a risada histórica da infância sobre o momento
transmutando-se, por contínuo e denso,
a estender-se em corte por sobre arco tenso,
do que por fim se diz constante:

a vida se dando naturalmente em tal instante.

CORPO FECHADO

Não conheço mau-olhado,
nem acredito em assombração,
tampouco em puxão de orelha, praga ou carão.

Não jogo pedra em telhado,
nem calço sapato virado,
mas ouço o que entre dentes se diz ou se fala.

Filha de Oxum com Ogum,
não cometo mal pra ser algum,
nem temo quem sempre chora quando se cala.

Se alguém me amou mal-amado,
respondo com sedução e sorriso,
mas fujo de vidro quebrado e espelho malhado.

Pra dor de cotovelo e quebranto,
mesmo quando pressinto e preciso,
não assombro, nem fujo, esperneio ou canto.

E se alguém me ganha no laço,
em pedra e carvão, me traço,
mas tomo banho a cheiro e sabor de alecrim,

no corpo fechado por mim..

ARUANDA

Mas, onde é Aruanda?

Lá onde o vento assovia e sibila mais forte
o sabiá canta e a jandaia menina sonha
com tardes de amor e alvorecer de floresta
onde a onda cresce mais que verde
e alcança entradas de oceanos e mares bravios
onde o que se semeia se planta e se cumpre
quando as sementes mais puras
desabrocham e vingam
onde se pesca o peixe sem rede anzol ou puçá,
e se come com a mão arroz farinha feijão
lá no meio do mundo no redemoinho que sacode e balança
no final do tempo que passa e cansa
– promessa de esperança
por entre as dobras das nuvens em busca da noite
num esgar de dor e sinal da cruz
onde o chocalho zune zoa num facho de luz
a subir qual corda bamba
quando a tristeza vira magia, imaginação e samba,
enquanto se alteiam os voos dos grandes pássaros
num céu azul e claro.

Lá é que fica Aruanda.

ANCESTRAIS

(Para meus griots, pelo 20 de novembro, Dia da Consciência Negra).

As coisas que não vivi
me foram dadas por memória
de espíritos reencarnados
nos gritos de nossa história,
em lances de chibatada,
nos passes de luta e dança,
nas voltas de espada e lança.

E relembranças dos tempos
de banzo a redescobrir
sagas de pai, de mãe, avós
e chagas de bisavós,
cantos de tataravós,
em portas de identidade,
promessa de liberdade

a (re) escrever o que me for de futuro,
em dor ainda.

AMÉLIA ALVES, escritora e educadora, nasceu em Campos dos Goytacazes, RJ, onde graduou-se em Letras pela Faculdade de Filosofia, Ciências e Letras (FAFIC-UNIFLU) e participou da fundação do Grupo Uni-Verso, cooperativa de escritores destinada à publicação de autores locais.

Mestre em Educação pela Universidade do Rio de Janeiro (UERJ), especialista em formação de leitores e estudiosa das áreas de comunicação, linguagem e literatura, exerceu o magistério em todos os níveis de ensino e foi professora das universidades Cândido Mendes, Bennet e Federal Fluminense, nas disciplinas: Literatura Infanto-juvenil e Dramatização, Teoria da Educação, Estética da Expressão Escrita, Alfabetização e Linguagem.

Foi Subsecretária de Defesa e Promoção das Populações Negras (1992 - 1993), editora executiva do site PALAVRARTE, pioneiro na divulgação da literatura brasileira na internet (1998-2002). É membro titular do Pen Clube do Brasil desde 2012.

Livros publicados: "Vácuo e Paisagem" (Campos dos Goytacazes, Grupo Uni-Verso,1977), "Atrás das borboletas azuis" (Rio de Janeiro, Oficina do livro, 2005), "50 poemas escolhidos pelo autor" - volume 49, (Rio de Janeiro, Galo Branco, 2009), "Prêmio Adalgisa Nery", UBE-RJ, categoria livros publicados, segundo lugar, 2010, "No reverso do viés" (Rio de Janeiro, Ibis Libris, 2015), **"Prêmio Pizarro Drummond"**, livros inéditos, segundo lugar, UBE-RJ, 2009.

ANA CRUZ

AGRADECIMENTO

Avô disse olhando pro céu quente:
Sou feliz, nunca tive fé cega mas sempre cuidei de não perder
a força que trago dentro de mim.
Postura de coitado e sofredor não seduz Nosso Senhor.
Vida se aprende apanhando e batendo dessa experiência
resulta a santidade.
Converso com Deus de igual para igual, não atribuo a ele
tragédias ou misérias.
Quando estamos em nossa intimidade
tiro o meu chapéu, bato no peito e digo:
Oh! Olorum, meu pai! Besta quem pensou poder com nós dois.
Olha eu aqui, olhos cinzas de tão velhos, duas viuvezes,
treze filhos, netos e bisnetos a perder de vista.
Sob sua proteção fiz minha parte.
Repus algumas daquelas perdas preciosas.
Em comum acordo com minhas senhoras.

HISTÓRIA

Pode não parecer, mas eu tenho uma história.
Uma casa com alicerces profundos, paredes flexíveis.
No quintal uma mina d água na sombra de um jequitibá
Lugar, onde crescemos e nos firmamos eu e meus antepassados reverenciado na alegria e na tristeza.
Ponto de redenção para o qual inevitavelmente sempre serei chamada.
À aprender suportar o doído processo de transformação do tecido.
E com o corpo totalmente exposto tear a nova pele.
Pode não parecer, mas eu tenho uma história completa com bases profundas e paredes flexíveis
Solidificando a herança, uma mina d'água na sombra de um jequitibá.
Toda cercada de saias, saiotes
Galinhas-d´angola,
Quilombolas.

RETINTA

Mãe preta, bonita, sorriso longo, completo. Nem parece que passou por tantas.
Deu um duro danado entre a roça e os bordados. Virou ao avesso para
não desbotar. Dizia, não com soberba: não esfrego chão dessas Senhoras.
Essa gente coloniza. Se a pessoa não tiver orgulho de ser assim Zulu
fica domesticada.
Sem opinião. Se autodeprecia, adoece.

LINGUARUDA

Eu sou uma preta, muito negra brilhante cintilante, faço verso com requinte para o deleite das pessoas que amam a vida e fazem das tripas coração, para prosseguir ampliando a estética do mundo que, sabe Deus ou "Olorum", pela perfeição de sua criação. Sou preta, muito negra, faço verso muito prosa. Por sermos assim retintos, somos tratados a ferro e fogo, subvertemos a ordem social que vigora silenciosamente onde os pretos, quando chamados, é somente para concordar.

DESEJO

Santa Bárbara e Iansã se movimentam em trovões, ventos e raios. Iemanjá e Nossa Senhora dos Navegantes se unem para cessar a ira de Netuno.
Eu e você entremeamos o céu e o mar num só corpo, numa só carne, num só desejo, no ínterim em que a alma apurada entre raios e ondas revoltas, cala-se, pousa, para na manhã seguinte nos revisitar mais amadurecida, exigente.
 Entre sol e mar, na gravidade, eu e você em permanente polidez de sentimento e
expressão. Porque amar é refinamento.

RECORDAÇÕES

Avó era uma rocha que a natureza passou anos esculpindo.
Em seus veios circulavam turmalinas-ouro, esmeraldas.
vulcões e filetes de águas.
Seu Corpo um território de múltiplas cartografias!
Ancestrais encarnados.
Cantavam, dançavam e ensinavam complexas geometrias
Um encanto de Mulher, uma Deusa, não tinha
Cara de Santa.
Benzia tudo e a todos.
Rogava praga como ninguém.
Dava nó na barra da saia, hipnotizava cobras.
Não perdoava os saqueadores Lusitanos das minas de diamantes
de seu nobre Avô
Dizia, graças a Deus, Mulher Preta não nasceu
da costela de Adão.
Somos ramos e rizomas, alastro de suas pródigas raízes crioulas.
Compartilhávamos, da mesma água que bebia Avó,
com o mesmo ritual que se compartilha o único vinho numa
mesma taça, numa Cerimônia Sagrada.
Sabores indecifráveis carregados de energias, inda hoje transbordam
em nossas reminiscências.
Sua memória para sempre o nosso Oráculo!

SÃO FLORES DE PLÁSTICO?

Eu não quero Flores de Plástico!
Cravadas na estéril areia de um jarro-abacaxi. Não quero nada que disfarce meu silêncio ensurdecedor! Constrangimentos, raivas, frustrações, mas de quê? De quem? De mim mesma? Talvez, já que eu não consigo definir o sujeito.
Eu não quero Flores de Plástico!
Causando-me gastura de tanta falsidade, querendo potencializar em mim a culpa por minha miserável condição de vida.
Escancaram minha pobreza, rosa rosa, rosa vermelha e amarela. Não são enfeites, são fantasias, mas ganham alma!
Cunham-se de tal modo, na intimidade da família, que dependendo das intempéries do dia, são até contempladas como se de verdade, flores fossem.
Eu não quero Flores de Plástico!
Entorpecendo, fazendo cerco a minha consciência, persistindo em incorporar- me o sentimento castigo. Abrir brechas para semear dúvidas sobre minhas memórias, acervos onde predominam séculos de histórias, para além daquelas em que eu fui abominavelmente torturada.
Eu não quero Flores de Plástico!
Tapeando o quanto eu ainda sou perseguida, por aqueles que descobriram na indiferença um instrumento estratégico para atacar-me racialmente, enraivecidos por eu ter escapado.
Subverti o lugar subalterno.

NOSSAS SENHORAS

Águas da Oxum formam vidas.
Águas da Oxum, batizam.
Águas da Oxum, giram moinhos, iluminam a mente.
Farinha o milho, expandem mundo.
Rosa e suas doze mulheres vão cedo, reverenciar Oxum na cachoeira cercadas de flores e folhas.
Centradas à beira das águas com seus fios de contas dourados, tecem a construção do cosmo.
Revelam resultado de combinações perfeitas, entre o mítico e o científico.
Reconstroem mundos e fundos, cabeças de meninas e meninos.
Esfíngicas devotadas, anunciadoras de todo o poder e autoridade conferido, às águas.
Rosa e suas mulheres Bantas da Oxum, portadoras de infinitas Memórias, Nossas Senhoras! Partícipes na afirmação do Aiyê.

NÃO DESISTI DE MIM

Durante anos rezei, fiz de meu agudo sentimento de estrangeira e imperfeita um oráculo.
Com o tempo desisti, não mais suportava me assistir rogando a Deus, que pelo visto também me ignorava.
A busca persistente pela perfeição me
consumia, aprofundava o peso sobre a minha tripla condição.
Meus ossos minha alma, carregavam uma dor sem diagnóstico.
E pela postura de meu corpo, dava para perceber
que eu entrava em campo, sempre derrotada.
Mas mesmo daquele jeito, eu tive resistência, para driblar e correr atrás da bola, até o fim da partida.
Não fiz gol, eu não era zagueira, mas virei jogo, ganhei força,
 musculaturas.
Resiliência...

FÉ RESSIGNIFICADA

Ansiosa eu estava naquele dia, pois não acertava as linhas perfeitas para melhor composição de meus bordados.
Todas tentativas, ficavam por demais parecidas comigo mesma.
Depois de tantos ensaios frustrados, decidi fazer outras coisas, disfarçar minha impotência.
Foi então, que de uma maneira súbita e misteriosa, fui surpreendida na capela do meu embotamento criativo por uma menina.
Tinha os olhos atentos e a mente completamente sinalizada por indicativo de perfeição. Eram vultos de pessoas rindo, reproduzindo refrãos em latim, gentes fartas, ricas
sem marcas de sofrimentos.
Quem Deus sempre recompensava com filhos saudáveis e fazendas de café.
Fui induzida, a ter gratidão sincera, ao homem para quem eu e meus nove irmãos fomos trabalhar, aos sete anos de idade, doze horas por dia, por casa e comida.
Meu Deus! Sou uma mulher que já tive filhos; passei por todos sacramentos, mas só agora eu sinto: Não são alucinações, minhas epifanias!
Portanto, quero exercitar o direito que me foi
confiscado, de gritar a minha raiva, minha revolta.
Para a maturidade de minha humanidade, preciso liberar meus ímpetos, ideais, minhas convicções juvenis, de que irei mudar o mundo.
Meu Deus, não ambiciono mais a perfeição, só quero continuar bordando.

VOCATIVO

Evoco Minas, toda energia herdada da dinastia Banta acende, em constante movimento, nunca soube onde inicia nem onde se finda.
Nos momentos, em que ventos fortes põem à deriva o meu barco, em pensamentos caminho entre matas, atravesso rios em busca dos sentimentos indizíveis, tomados de ternura e confiança.
Chego à beira das minas cansada, transpirando a estranha transição de uma infância que se expira, mas sempre fresca composta de cada elemento, ali há séculos.
Minas d'águas escorrem fartas, pelas lascas de bambus gigantes, me esperam todo fim de tarde para as despedidas, acolhedoras, portadoras de mistérios e dos segredos das Deusas.
Presentes nos ritos das benzedeiras, para além
de elemento necessário à sobrevivência.
Nossos santuários, diziam.
A casa da lucidez dos sentidos, ponto de encontros ancestrais.
Lugar de festas e desavenças, de nobres e plebeus.
Lugar que nos honra pertencê-lo.

ANA CRUZ é mineira de Visconde de Rio Branco chegou em Volta Redonda em 1975.Mudou para Rio na metade dos anos 80 mora em Niterói desde do início dos anos 90. É comunicóloga, ativista do Movimento Feminista Negro .Iniciou na carreira literária em 1996 tem cinco livros publicados sendo eles: "**É... Feito de Luz" 1996, "Com Perdão da Palavra" 1998, "Mulheres Q´Rezam" 2001, "Guardados da Memória" 2008. Em 2011 lançou o Dvd literário: "Mulheres Bantas Vozes de Minhas Antepassadas", em 2015 produziu o Cd "Sublime Ancestralidade"** uma performance musical com poemas de sua autoria. Seu trabalho é amplamente pesquisado por diferentes pensadores (as) nos espaços literários acadêmicos em especial nas Universidades Públicas. É uma das escritoras que compõem a Antologia de quatro volumes "Literatura e Afrodescendência no Brasil". Antologia que foi resultado de longos anos de pesquisas, coordenado pelo o Departamento de Literatura Comparada da UFMG, que faz um resgate histórico, sociológico e uma análise crítica da literatura que vem sendo produzida por escritores e escritoras negras desde o período da colonização.

CIZINHO AFREEKA

ÁFRICA A FICA

Eu sou a rua
Os ares
O gesto que diz respeito aos ancestrais
Para os outros, sempre suspeito
Indigesto na garganta do opressor
Sou cicatriz debaixo da maquiagem
Ando por um triz a desequilibrar paisagem
Enfeitada pra gringo ver
Sou força motriz
Sou malandragem que me faz viver nesse terreno hostil
E com a mente ainda fértil
Sou samba, o rap, o jazz
Ato contínuo de resistência
Sou agência
E mais, muito mais de 500 anos de existência
Sou amargo como jiló
Quando tenho dentes
Não os mostro par qualquer um
Os trinco sem dó, em dó maior
Não pra entoar lamento, mas um hino de guerra
Sou Áfrika a ficar
Soul Afreeka a ficar
Sou Áfrika!

BROXAR É COM X? NÃO SEI NUNCA BROXEI.

O que se espera dele?
Agora ele é homem feito
O que se espera dele?
Computam os defeitos
Mas o que se espera dele?
Agora que ele já é homem feito

Ele não pode vacilar
Se escrever e não ler
O pau vai cantar
Tem que ser forte
Não pode chorar
Broxar?
Nem pensar
Borracha fraca?
Quem vai suportar?
Tem que ser pau e ter pau pra toda obra
Pra qualquer hora
Ver sangue não desmaiar
Tem que morrer
No meu lugar
O que se espera dele
Agora que é homem feito?

AMADA

Quero mais tempo para contar as estrelas do céu
Catar na areia as do mar
E amar a cadente
Que cadenciou meu coração
Andar junto no mundo da lua
Nua no ar, nu no mar de flores
Beber o melhor da vida
Cumplicidade no olhar, na lida
Abraço que cure
A eternidade da distância
Beijo que segure
A urgência em querer estar dentro de você
Que o corpo ao seu se misture
Se confunda, se funda num só
Nó que suture
As almas, sem algemas
Que a ternura perdure
Às complexas rimas e dilemas
Amada!

A BALA COME

A bala come
Gente passando fome
Não é a bala que é perdida
Mas a vida
A bala parece já conhecer bem o caminho
Os becos, a pele, o rosto, o cabelo

É só ver no Google maps
O endereço é sempre o mesmo
A bala se confude com snap
Sempre a mesma zona
Segue sempre a mesma trajetória
Desce sempre a mesma lágrima
Sempre a mesma história

Marca sempre o mesmo couro
A bala sempre abala a mesma estrutura
No embalo do mesmo estouro
Sempre embala o mesmo corpo

Há contradição da fala
Quando julga a bala como perdida
A bala a única que acerta

O que importa é a vida que se leva
Não de qual cano se levou a bala
Tem sempre o dedo de quem mandava estalar o chicote
Agora autoriza esmagar o gatilho
Na linha de tiro
Estraçalha sempre a mesma vida

Atinge sempre a parte preta
o centro do alvo

AMOR PRETO

O amor assanha
A senha é o amor preto
Não é que não tenha defeito
Grito e bato no peito
Melanina, sol e céu
Elo olho no olho
Tela, tinta e pincel
Se entender frente ao espelho
Mão, dedo, anel
O amor assanha
A senha é o amor preto
Não é que não tenha defeito
Grito e bato no peito
Sal, sul, eternidade
Caminho pro ancestral
Som, sabor, liberdade
Luz primordial
O amor assanha
A senha é o amor preto
Não é que não tenha defeito
Grito e bato no peito

EXTERMÍNIO

Mais uma preta com branco
Vai!
Extermínio
Mais pretos com brancas
Vem!
Extermínio
A criança na rua
Cheirando cola
Crack, não é de bola
Extermínio
O genocídio não é de agora
Nas favelas
O preto é quem se degola
Extermínio
Com tudo isso
Nosso corpo
Nossa pele
Não foram apagados
Circulam
Mas com qual ideologia?
É lógico!
Que não é biológico
O efeito
Atinge almas e ideias
Extermínio

RESSONÂNCIA

Que saudade!
Que vontade!
De sentir tocar-me aqui dentro
De aparar o peso do seu corpo
Receber a virilidade de todas as suas expressões
Você compõe a harmonia da minha canção
O poema que rima no meu corpo
Não é o ponto "G"
É mais profundo
Atinge minha alma, faz gozar
Minha extensão, seu comprimento
Fico no ar ou saio
O mundo para ou gira em outro ritmo
É meu número
Envolvo, em vulva
O volume que brota como numa nascente
Absorvo, sorvo o sabor
A semente de nossa continuidade
Ancestralidade fluída
Não creio em alma gêmea
Nem em cara metade
Mas com você encaixa
Quando engata
Dá sentido ao som que emito
Ressoa
Minha cara preta
Com você preto se faz

REVIDE

Nos quer doces
Dóceis
Quem nos impôs
O lado amargo
Da cana de açúcar

Nos quer fofos
Quem nos impôs
O lado pesado
Do algodão

Nos quer radiantes
Sem rancor
Quem nos impôs
O lado opaco
Das minas de ouro

Nos quer vívidos
Sem revide
Quem nos impôs
O lado morte
Da vida

NÓS, PÉS

Ontem eu senti meus pés
Ontem os vi
Os toquei
Vi meus irmãos, irmãs e seus pés
E os toquei também
E me tocaram
O coração com canção profunda
Ontem eu vi
onde nossos pés podem nos levar
Vi o poder de caminhar sobre as dores
De curar e amar
Ontem eu vi um caminho e muitos pés

DIETA SAUDÁVEL

Vamos cortar tudo que é branco
Vamos?
Vamos cortar
Cortar tudo que é branco
Cortar a carne
Açúcar
Farinha
Sal
Aspirina
Leite
Pó
Arroz
Tudo o que faz mal
Vamos?
Trocar essa porção pelo integral
Vamos cortar?
Cortar tudo que é branco

UNIVERSO CONTIDO

Ela tinha o mar
Era todo seu
Para se banhar
Nele Nilo
Ela teve o rio
Ela teve o céu
Para olhar bem de perto as estrelas
Para descansar a cabeça
Teve um Continente
Para circular
De onde ela veio
Ela teve várias Nações
Várias línguas
Ela teve a pirâmide
Impuseram a ela a base da mesma
Do branco sistema
Mas ela se move pra ser base da luta!
Antes que se esqueçam
Todo esse universo perdido
Veio nela contido.

CIZINHO AFREEKA, nascido em 1971, na favela Cidade de Deus e criado em Campo Grande, bairros localizados na zona oeste do Rio de Janeiro, é escritor e poeta, bombeiro militar. Integra o Griotagem - Encontros Poéticos entre Pretos e Pretas desde o seu surgimento, em 2010. É co-fundador do Coletivo Denegrir e colaborador de diversos grupos ligados à cultura negra. Teve trabalhos publicados em mídias (impressa e digital) e participação no Cd do grupo de Rap Antiéticos, com o poema "África a ficar". Foi co-autor na antologia "Pretumel de Chama e gozo", organizada pelo escritor Cuti e o poeta Akins Kintê. Lançou em 2017 seu primeiro livro: "Desakato Lírico". Lançou nas mídias digitais as músicas "Canção para Makeda", "Minha Cria", "Amor Preto" e "Máscara Branca".

CONCEIÇÃO EVARISTO

RECORDAR É PRECISO

O mar vagueia onduloso sob os meus pensamentos
A memória bravia lança o leme:
Recordar é preciso.
O movimento vaivém nas águas-lembranças
dos meus marejados olhos transborda-me a vida,
salgando-me o rosto e o gosto.
Sou eternamente náufraga,
mas os fundos oceanos não me amedrontam
e nem me imobilizam.
Uma paixão profunda é a bóia que me emerge.
Sei que o mistério subsiste além das águas.

EU-MULHER

Uma gota de leite
me escorre entre os seios.
Uma mancha de sangue
me enfeita entre as pernas.
Meia palavra mordida
me foge da boca.

Vagos desejos insinuam esperanças.
Eu-mulher em rios vermelhos
inauguro a vida.
Em baixa voz
violento os tímpanos do mundo.

Antevejo.
Antecipo.
Antes-vivo

Antes – agora – o que há de vir.
Eu fêmea-matriz.
Eu força-motriz.

Eu-mulher
abrigo da semente
moto-contínuo
do mundo.

DO FETO QUE EM MIM BROTA

Do meu corpo
o feto ossificado
há de brotar um dia.
Ele apenas se escondeu
nos vãos de minhas
sofridas entranhas,
enquanto eu de soslaio
assunto a brutalidade
do tempo.

Do meu olhar
a flor petrificada
em meu íntimo solo
contempla a distração de muitos
e balbucia uma estranha fala,
mas, eu sei qualquer dizer,
pois, quem convive
com os forçados à morte,
decifra todos os sinais
e sabe quando o silêncio,
julgado eterno,
está para ser rompido.

A MENINA E A PIPA-BORBOLETA

A menina da pipa
ganha a bola da vez
e quando a sua íntima
pele, macia seda, brincava
no céu descoberto da rua,
um barbante áspero,
másculo cerol, cruel
rompeu a tênue linha
da pipa-borboleta da menina.

E quando o papel, seda esgarçada
da menina estilhaçou-se
entre as pedras da calçada,
a menina rolou
entre a dor e o abandono.

E depois, sempre dilacerada,
a menina expulsou de si
uma boneca ensanguentada
que afundou num banheiro
público qualquer.

O MENINO E A BOLA

A bola da vez
dança na rua
atrás dela ninguém.

O automóvel range
a sua raiva, o homem
também.

O corpo-menino
sacode a morte.
Inútil.
A letargia dorme
no asfalto.

ESTRELAS DESÉRTICAS

Na aridez das ruas, estrelas escondidas
brotam insolente do escaldante asfalto
ordenando a desordem final dos dias.
E no entremeio do sinal da férrea cruz,
uma genuflexão mal feita acelera
a rapidez do cálice derramado.
Tudo sangra.

E enquanto tudo sangra,
ensinam-se batuques aos meninos,
complexos estampidos, funestos sons,
 que eles já sabem desde antes.

E depois, quase felizes,
os grandes cantam as suas vitorias:
– enquanto dançam esses meninos,
 estrelas desérticas, enquanto dançam,
seus pés pisoteiam a terra anil da alegria.
E todos os cadáveres do passado
 e ainda os do presente
entram em festa esquecidos.
E do futuro deles, estrelas desérticas,
 cuidamos nós:
tragam mais bumbos, mais bumbos, mais tumbas...

Enquanto isso
na catacumba o sol do amanhã sangra.

FLOR MAGNÓLIA

De magnólias ou outras flores
desfolhando em minhas mãos,
pouco sei,
só em desejos, guardo a fina textura
da pele em dálias, rosas, magnólias...
só em desejos, sei da primavera
que em mim roça,
 quando uma flor magnólia,
tal qual a lendária rosa negra,
promete se abrir única
sobre mim.

SE À NOITE FIZER SOL

Se à noite fizer sol
quebrarei minha casca-carumujo-corpo
e farei de meus poros crateras
para que os noturnos raios
atravessem de ponta a ponta
a porta mal guardada de meus desejos
onde na solitude brinco prazeres urdidos
na imaginária maciez de teus dedos.

Se à noite fizer sol
ainda que temerosa e soturna
hei de me abrir toda-toda
mais milagrosa que a noturna aurora
só para guardar em mim a tua flor
no momento exato em que a natureza
expele o sêmen, o pólen, o mel.

Se à noite fizer sol
vou me lançar na finitude
do momento adentro
e me esconder de mim
e me esconder de ti
só para concentrar na lembrança
o teu corpo, templo novo,
pois morrerei após o sol se pôr.

DO FOGO QUE EM MIM ARDE

Sim, eu trago o fogo,
o outro,
não aquele que te apraz.
Ele queima sim,
é chama voraz
que derrete o bico de teu pincel
incendiando até às cinzas
o desejo-desenho que fazes de mim.

Sim, eu trago o fogo,
o outro,
aquele que me faz,
e que molda a dura pena
de minha escrita.
É este o fogo,
o meu, o que me arde
e cunha a minha face
na letra desenho
do autorretrato meu.

APESAR DAS ACONTECÊNCIAS DO BANZO

Apesar das acontecências do banzo
há de nos restar a crença
na precisão de viver
e a sapiente leitura
das entre falhas da linha-vida.
Apesar de...
uma fé há de nos afiançar
de que, mesmo estando nós
entre rochas, não haverá pedra
a nos entupir o caminho.

Das acontecências do banzo
a pesar sobre nós,
há de nos aprumar a coragem.
Murros em ponta de faca (valem)
afiam os nossos desejos
neutralizando o corte da lâmina.

Das acontecências do banzo
brotará em nós o abraço a vida
e seguiremos nossas rotas
de sal e mel
por entre Salmos, Axés e Aleluias.

CONCEIÇÃO EVARISTO, (Maria da Conceição Evaristo de Brito), professora aposentada do Município do RJ, escritora e ensaísta, nasceu em Belo Horizonte, em 29/11/46. Reside desde 1973 no Rio de Janeiro. Doutora em Literatura Comparada pela UFF, Mestre em Literatura Brasileira pela PUC Rio, e graduada EM Literatura Brasileira pela UFRJ.

Estreou na literatura em 1990, na série "Cadernos Negros" – antologia editada anualmente pelo grupo Quilombhoje, de São Paulo, coletivo de escritores afro-brasileiros reunidos, desde 1978. A partir de então, seus textos vêm obtendo cada vez mais leitores nacionais e estrangeiros.

Tem participações em antologias na Alemanha; Inglaterra, França, Estados Unidos, África do Sul e Angola.

Publicou as seguintes obras individuais:

"Ponciá Vicêncio", romance, traduzido para língua inglês, francês, espanhol e italiano.

"Becos da memória", romance, traduzido para o francês.

Poemas da recordação e outros movimentos, antologia poética, Rio de Janeiro, Malê, .traduzido para o francês,

"Insubmissas lágrimas de mulheres", antologia de contos, Rio de Janeiro, Malê, .

"Olhos d'água", contos, Rio de Janeiro, obra com a qual ela recebe o premio Jabuti, na categoria contos, em 2015.

"Histórias de leves enganos e parecenças", Malê,2016.

"Historia para ninar menino grande", Editora Universidade Zumbi de Palmares, São Paulo, 2018.

Agraciada pelo Jornal Globo com o Prêmio Faz a Diferença na categoria Criação Literária e homenageada com uma exposição: "Ocupação Itaú Cultural, em São Paulo.

Vencedora do Prêmio Claudia, Categoria Cultura, 2017

Agraciada pelo Governo do Estado de Minas Gerais, Secretaria Estadual de Cultura pelo Conjunto da Obra, em 2017.

A produção de Conceição Evaristo abarca poesia, contos, romances e ensaios literário, abordando assuntos relacionados á educação, gênero e relações étnicas na sociedade brasileira, além de participar de eventos acadêmicos. Conceição Evaristo tem marcado a sua presença nos movimentos sociais negros e de mulheres negras

DELEY DE ACARI

PELOS PACATOS QUE SE FORMAM

Pelos pacatos que se foram
Pelos pacatos que se foram
Pelos justos que ainda vivem
Para que morram velhos, justos e sãos.

Pelos pacatos que se foram
Que viviam o lado certo
De uma vida errada.
Pelos justos que ainda vivem
Que o senhor os livre de toda
E qualquer cilada
E morram velhos, livres e sãos.
Na calada da noite
Traiçoeiros como serpentes
Os vermes invadem nossa quebrada
Como se a nossa comunidade
Fosse um país inimigo que
Destroem com ódio e crueldade.
E nossa gente tranquiliza seus algozes
Que tem que esmagar nossas vidas
E calar nossas vozes com suas botinas
Sujas de lama das nossas vielas.
Então, na coronha de suas akas
Arrebentam portas e janelas
Destroem nossos barracos
Esculacham nossas mulheres
Escarram brizolas ressequidas
De suas narinas nas nossas panelas
Como se fossem latrinas.
E vão embora como se fosse normal

Toda crueldade e todo mal
Que insensivelmente cometem
Contra nossa gente.
Porque somos pacatos
Pensam que somos covardes,
Porque somos humildes,
Pensam que somos submissos,
Porque somos calados
Pensam que aceitamos sem reagir
Que espanquem, torturem, humilhem
E chacinem nossos meninos.
Porque rosnam e babam feito pitbull
Pensam que nos paralisam
Nos botando terror.
Porque amamos a paz
Pensam que tememos a guerra.
Porque fazem de nossa comunidade
Um campo de concentração pensam
Que ficarão impunes seus crimes perversos
Contra nossa favela.
Porque trazemos os braços abertos
E as mãos vazias e limpas
Pensam que não temos armas
Pra lutar em nossa legitima defesa,
Maior que ódio e sua crueldade
É nosso amor pela justiça e verdade.
Eu, que não desprezo o valor
De outras armas escolhi o poema,
o funk, o hip hop e o samba
E faço deles minhas as armas
 Pra nosso Acari criar assim
Como o pacato e o justo faz

Um definitivo clima organizado
De paz.

CUIDAÇÕES AMIGAS

para Carol Maíra

Cuidando d'ocê
Eu cuido d'eu!
Ocê deix'eu
Cuida d'ocê
É seu jeito
De cuida d'eu!

QUE O FUNK ME LIVE PRA ESCOLA E A LIVRE DO TANQUE

E minha mãe rezando que meu funkme leve pra escola E a livre do tanque.
O funk é minha libertação Meu livramento do caveirão.

Meu vô e bom jongueiro, Meu pai e bom partideiro Eu quero ser funkeira.

Meu pai está bolado, minha filha, sou do samba O que eu fiz de errado,
Sou um cara bamba E minha filha nesse funk,
Num sinistro rebolado.

Meu avô é bom jongueiro, Meu pai bom partideiro,
Eu quero ser funkeira

Meu pai ficou bolado, Mas meu vô que tá ligado, tá sempre antenado
Com o futuro e com o passado, Disse pra meu pai, minha neta
Vai que vai, não fique assim bolado...

E meu vô pra meu pai assim falou: Que eu seja jongueiro
E tu um partideiro, Minha neta seja funkeira,
Que o jongo, o samba, o funk e tudo arte negra
Do crioulo brasileiro.

E minha mãe rezando Que meu funk me leve pra escola
E a livre do tanque.
O funk e minha libertação Meu livramento do caveirão.

SEM VOCÊ AINDA SOMOS A ESPERA, COM VOCÊ SOMOS A ESPERANAÇA!

para Pâmella Passos

Sem você, ainda somos flor, com você somos o jardim, sem você ainda somos arvore, com você somos a floresta.

Sem você ainda somos glóbulo, com você somos o sangue, sem você ainda somos gota, com você somos o oceano.

Sem você ainda somos trigo, com você somos o pão partilhado nos fazendo companheiros e companheiras.

Sem você ainda somos uva, com você somos o vinho que nos nutre, nos fortalece, nos purifica e amplia nossa lucidez e faz transparente nossa amizade.

Sem você ainda somos a espera, com você somos a esperança, sem você ainda somos lagrima, com você somos o choro de alegria.

Sem você ainda somos dedos, com você somos mãos dadas, sem você somos pessoas, com você somos a humanidade.

Sem você ainda somos o afeto, com você somos a ternura guevariana.
Sem você ainda somos pulso sem algema, com você somos a liberdade conquistada.

Sem você ainda somos negra, com você somos a mãe África e a diáspora que se faz libertação.

Sem você ainda somos mulher, com você somos todas as criaturas humanas para além dos sexos, para além dos gêneros... que nos livremos do machismo, do sexismo, que nos oprime nos desumaniza nos faz escravos do poder patriarcal.

Sem você ainda somos calma, com você somos a paz que a humanidade tanto precisa.

Sem você um homem um homem ainda e um homem, com você homem e uma criatura nova, que nutrido pelo seu amor, se faz gentil, um homem simplesmente homem, não macho, não sexista, não dominador.

Sem você um homem inda e um homem, com você um homem e amante, amigo, irmão, sempre contigo, nunca a sua frente, nunca ao seu lado, sempre com você.

Sem você um homem ainda e um homem, pouco mais que uma pessoa solitária, com você um homem e todo amante, companheiro terno, carinhoso, generoso, cúmplice cotidiano do seu eu mulher em constante libertação.

EVIDÊNCIA NEGRA

Para Camila Pitanga

Queriam me
Mulata!

Queriam me
nada mais
que uma
Eminência Parda.

Mas negro-me
pois sou sim
uma lindíssima
Evidência Negra.

UM REAL NA FAVELA VALE MUITO

In memoriam de Mateuzin da Baixa da Maré

(estudo ainda inacabado de um poema inspirado numa foto em que aparece a mão ensanguentada de Mateuzin com um real)

Um real na favela vale muito,
Vale o pão do café das mães,
Vale meia dúzia de "ovo"
Pra misturar no miojo do almoço,
Vale uma viagem pelo mundo
Nos caminhos imensuráveis
Da web, um real na favela vale muito,
Vale um guaravita e um traquina
Pra enganar a barriga, até chegar
Em casa quando falta merenda
Na escola, um real na favela vale muito,
Um real, de prata e dourado,
Reluzente o ao sol alumbrando a alma sublime
Na palma da mão de um
Menino morto por um Estado
Policial fascista cruel e desumano...
A prata de moeda denuncia
A espada da perversa guerra,
O ouro da moeda denuncia
A ganância da classe dominante
E sua sanha de poder,
A pequena mão espalmada
Mostrando a moeda é a própria
Mão do Tribunal Popular
Permanente do Mundo sentenciando
Que a vida de uma criança

Não tem preço, não se mede por dinheiro,
Ela é imensurável, como seus sonhos,
Suas esperanças, seu futuro, sua vida,
Um real na favela vale muito,
Um real na mão de uma criança
Assassinada numa viela de favela
Pela cruel e desumana mão armada
Do Estado policial é uma sentença muda:
O Estado Policial não presta, e antes
Que reduza a vida no campo, favela e
na periferia à uma prata de real,
É preciso, sentar no banco dos réus
Do Tribunal Popular dos Povos,
Ser julgado, condenado e sentenciado
A ser destruído e reduzido a nada.
Um real na favela vale muito,
Quando na mão espalmada
De uma criança morta pelo Estado...
Porque mostra aos governantes que
Não prestam, não valem sequer
Um real de pinga aguada.

FAVELA: CEM ANOS

Tá visto que em cem anos de favela
muito sangue de morte banhou
as terras batidas de becos, ruas e vielas.
Mas tá visto também que na favela
há muito mais mulher que a gente
e muita menina vira moça toda hora, todo dia
se vendo meio que assustada e maravilhada
pela primeira vez menstruada.
Vai daí, que por benção de Mãe Oxum,
essa sanguinolência toda que jorra na favela
por cem anos a fio e filetes,
tem sido muito menos da certeza da morte
e muito mais da verdade da possibilidade da vida.
Daí que, pela graça de Mãe Oxum,
Na favela, centenariamente, se sangra ainda
muito mais da divina maravilha da criação
que dos horrores letais das chacinas.

SE FICAM IMPUNES... NOS CHACINAM A DIGNIDADE

Chacinam em Hiroshima, Nagasaki, Auschwitz...
se ficam impunes...uma chacina contra nossa verdade.
Depois, que verdade diremos às nossas crianças
e toda gente que amamos e nos amam também.

Chacina em Sharpeville, Saigon, Luanda...
Se ficam impunes... uma chacina contra nosso olhar.
Depois, com que olhares olharemos nos olhos
de nossas crianças e toda gente que amamos e nos amam também.

Chacinam em Ruanda, em Bagdá... Guerra do Golfo...
Se ficam impunes... uma chacina contra nossa alegria.
Depois, com que alegria abraçaremos as nossas crianças
e toda gente que amamos e nos amam também.

Chacinam no Carandiru, na Candelária, em Acari, ianomâmis...
se ficam impunes...uma chacina contra nossa esperança.
Depois, com que esperança mostraremos
o caminho para nossas crianças... Com que esperança caminharemos
junto com elas e toda gente que amamos e que nos amam também.

Chacinam em Eldorado dos Carajás, em Belford Roxo, em Vigário Geral
se ficam impunes...uma chacina contra nosso senso de justiça.

Depois, que senso de justiça legaremos às nossas crianças
e a toda gente que amamos e que nos amam também.

Chacinam em Sabra e Shatila, se ficam impunes...
uma chacina contra o amor que existe em nós.
Depois, com que amor amaremos nossas crianças
e a toda gente que amamos e que nos amam também
Chacinam na favela, chacinam no campo, chacinam na cidade
se ficam impunes...uma chacina contra nossa dignidade humana.
Depois, com que dignidade continuaremos vivendo
com nossas crianças e com toda gente que amamos
e nos amam também. Chacinam nossas crianças,
chacinam a gente que amamos e que nos amam também...
se ficam impunes...uma chacina contra nossa própria vida.
Depois, que vida continuaremos a viver... sem verdade, sem olhar, sem alegria, sem esperança, sem justiça, sem amor e sem dignidade humana.

QUEBROU A NEGONA DA MARÉ, NÉ? AÍ DE TI QUANDO A JUSTA ESPADA DE OGUNTÉ TE CEIFAR!

Não quebraram uma vítima, quebraram uma combatente! Uma dentre as mais valorosas e bravas guerreiras da Diáspora! Por mais dura que for a Justiça dos brancos do Ayê, Terra, ela é leve e branda diante da tenebrosa e letal Justiça que as divinas juízas do Orun, céu dos Orixás prepara pra ti, carrasco genocida, cruel e desumano! Quebrou a Negona da Maré, né? Ai de ti quando a justa espada de Ogunté te ceifar!

Deixaste um corpo negro sem vida, mas essa vida não só não morre como se multiplica e vive mais forte, guerreira, amorosa e invencível por centenas de milhões de almas negras ainda vivas e combatentes pelos quatro cantos da diáspora africana pelo mundo

Já não dá mais para negociar a paz porque com a queda de nossa brava e amorosa combatente nós temos a certeza que estamos perdendo a luta e só nos interessa a paz como vencedores com a Vitória definitiva porque ela será a nossa liberdade e dos nossos algozes vencidos.

Se aceitarmos a paz perdendo, a paz não será nossa mas domínio dos que nos venceram e eles já deixaram claro, a Vitória libertadora pra eles será a continuidade de nossa escravidão e de nosso genocídio.

Esse não é o lamento de uma derrota, é o chamamento sentido mais esperançoso de continuação na luta mesmo que no luto.

A covarde execução de nossa amada combatente Marielle é a prova mais irrefutável que ela sozinha era imensuravelmente mais poderosa e mais forte que todo o batalhão da morte a que vergonhosamente servem. Jamais a venceriam, mesmo os mais de 500 vermes juntos, mesmo ela sozinha, (eles não a venceriam) num duelo justo e leal.

Só que ela ali estava sozinha, com duas compas, mas pro infortúnio de seus algozes, ela estava só mas não é só. A irmã, guerreira combatente sempre soube ser todas e sempre será. E é tantas e tantos que mesmo seu corpo não estando mais entre os nossos, ela agora é muito mais todas e todos que antes, porque agora ela é mais uma yabá no orun, e se como vivente ela já conseguia se fazer todas e todos, agora, lá no orun, assentada à esquerda das yabás, ela é toda a gente negra na afro diáspora.

DELEY DE ACARI (VANDERLEY CUNHA). Escritor, técnico de futebol para jovens e crianças e ativista pelos Direitos Humanos da Favela de Acari. Vive em exílio de sua comunidade pelas constantes ameaças de morte que recebe por denunciar a violência policial na cidade do Rio de Janeiro. É um dos principais intelectuais da sua geração, construindo algumas das principais narrativas sobre a vida de pretos e favelados da periferia carioca.

ÉLE SEMOG

OUTRAS NOTÍCIAS

Não vou às rimas como esses poetas
que salivam por qualquer osso.
Rimar Ipanema com morena é moleza,
quero ver combinar prosaicamente
flor de campo com Vigário Geral,
ternura com Carandiru,
ou menina carinhosa/trem pra Japeri.
Não sou desses poetas
que se arribam, se arrumam em coquetéis
e se esquecem do seu povo lá fora.

DANÇANDO NEGRO

Quando eu danço
atabaques excitados,
o meu corpo se esvaindo
em desejos de espaço,
a minha pele negra
dominando o cosmo,
envolvendo o infinito, o som
criando outros êxtases...
Não sou festa para os teu olhos
de branco diante de um show!
Quando eu danço, há infusão dos elementos,
sou razão.
O meu corpo não é objeto,
sou revolução.

ÍNTIMO DADO

(a senha)

Cada vez que gritam: pobre!
me assusto. Recuo ao canto
mais perto do rés do chão.
Negro, fico sem cor.
Fúria, fico sem fala.
Pois sei que as balas dos patrões,
que as balas dos políticos, da polícia
correm atrás de mim sem-terra,
correm atrás de mim sem-teto,
correm atrás das minhas razões,
por esses labirintos finitos,
enredados de justiça e democracia,
só para eu sair nos jornais,
morto na foto, sangue vazando pelos ouvidos.
Toda vez que gritam: pobre!
é a tortura, é o estampido, é a vala.
É a nossa dor que tranquiliza os ricos.
Alô rapaziada... tem que antenar o dia:
O vento que venta lá, venta cá.

FILOSOFIA DE FUNDO

O bolso é um buraco costurado.
É um buraco.
O mar é um buraco cheio d'água,
que se olhando da beirada
parece o infinito, que é outro buraco.
O amor é um buraco.
E nada mais.

EU E O NÃO EU

Eu, nessa minha parcimônia,
Vestida com escancarada elegância,
Jamais hei de ocultar, tão evidentes,
A tribo, o atabaque, o axé,
O orixá, o ori, o ancestral.
Eu e a minha carapinha
Cheia de bochicho,
Minha erva de guiné, minha aroeira,
Meu samba no pé e outras literaturas...
Eu, nessa parcimônia, vestida com toda a vida
E seus acontecimentos,
Nem só por um momento quero me perder dessa cor.
O não eu, o outro, tão fino, tão delicado,
Chega a me deixar tonto... Encabulado,
Com seu vampirismo,
Seus diabos, suas taras...
Tão racional e exótico
Nas cerimônias....
Esse outro, estranho outro,
Faz buracos no céu da terra,
Sente prazer, se lambuza com as guerras,
Pensa que respirar é um estorvo
Prende os gestos ao corpo,
E berra, e berra, e berra....
Tudo por falta de melanina.

IDAS E PERDAS

Poetas não traem, poetas se deixam levar
por essas coisas que de amor se fingem,
como se para sempre fossem.
Poetas acreditam em musas e duendes,
dicionários de rimas, em revoluções,
equinócios e mulas sem cabeça.
Existem alguns que acreditam
que lucrar não faz parte do negócio....
E por isso quase todos pensam
que poetas não fazem sofrer,
e que podem simplesmente dizer,
como se a vida fosse um verso a ver,
que se arrependem e querem voltar.
Poetas não traem, mas desejam tudo,
e morrem e matam e choram de dar dó
quando têm de escolher,
entre o amor feito e refeito e a ilusão,
o risco, de um amor por fazer,
como se fosse para um filho.

POEMA DE AMOR SOBRE A VIDA INTEIRA DE CADA PESSOA

O amor com seus vieses de alegria
não é um sentimento; não é!
É só uma sensação
que nos enche de poder,
ameniza as distâncias
e põe prazer na solidão.
Tirano, tira-nos o pudor,
toda a vergonha,
nos faz tolerantes
como não podemos,
nos faz transparentes
como não devíamos.

Cada pessoa, sua vida inteira,
pensa que o amor é nato.
Ai de nós que nos iludimos
com esse amor todo eterno,
que escutamos de boca em boca,
que se espalhou pelo tempo
sem temer espaço hostil
e se impôs mesmo nos territórios
de gente com pequenez humana.
O amor não é a mãe Terra,
nem dádiva que se recebe
numa fila de espera.

O amor somos nós
certos da vida,

com estórias que começam,
quando começamos no outro
a simbiose da acolhida.
E somos tato
e fogo ameno.
E somos faro
e instinto pleno.
E somos ícones
e a alma brilha.
E somos sons
e doce silêncio.
E somos mel
e delícia impar,
como se o futuro
fosse o primeiro início,
como se o passado
não fosse acidente.

O amor não nasce
com a gente,
É coisa que se cria falsa,
que cresce incógnito.
E voraz penetra e dói
no corpo e no espírito,
com suas raízes capilares
feito o ciúme que adoece,
feito a posse que amiúda,
feito a obsessão que cega,
feito a morte e sua pressa.

O amor, real em seus falsetes,
sempre, outra vez vai embora,

e onde não havia nada em nós,
talvez alguma ilusão sem doer,
ele deixa os estragos à nostalgia,
cheiros, vontades, fraquezas,
em tudo uma fonte de dor

Enche os sonhos de espinhos,
povoa a esperança de medos,
caleja o coração miudinho
e faz da saudade uma entrega.
Obsceno em sua fúria, ele, o amor,
quebra e aniquila cada um de nós,
e depois nos joga frágil, assim,
feito um fardo vazio de gente,
nos braços de outra pessoa
que queira aproveitar as sobras.

POEMA DE AMOR PARA VOCÊ E NOSSO FILHO

Se acaso os teus lábios
uma palavra moldar
quero ser o primeiro

E do sonho transformar
o teu riso
e colher a tua semente
e fazer nosso abrigo

Se acaso a vida
a mim e a ti perpetuar
quero estar no fim
contigo
só contigo
pois o fim será mais lindo
o fim será continuar.

RASCUNHOS DE UM COTIDIANO

Ainda guardo recordações
de um velho banjo
que papai tocava
e que depois de sua morte
foi destruído pela nossa
falta de apego à tradição
e à propriedade.

Lembro que ele espalhava
as notas disformes
de antigos cânticos
nas tardes nem tristes
nem alegres de domingo.

Depois as crianças tomavam
café com farinha
e mamãe e ele, cachaça com mel.
Havia um calor de gente,
gostoso, que deixava todos juntinhos
e que hoje não sinto mais.

Às vezes papai contava
histórias da fazenda em que
começou a trabalhar aos doze anos
e mamãe histórias da Bahia,
de festas e tristezas
que os heróis dos quadrinhos
destruíram em minha memória.
Hoje passo em Vila Valqueire
e papai é um rastro de lembranças...

Sigo o mesmo caminho...
Então uma dor aguda, saudade,
embaraça minhas reflexões.

VERMELHO, VERMELHO

Imagine meu bem,
Eles proibiram o vermelho...
As toalhas vermelhas,
As roupas vermelhas,
Os carros vermelhos.
Eles proibiram a cor
E o pensamento vermelhos,
Foi uma tremenda bandeira!
E agora não sei o que fazer,
Com os meus olhos vermelhos
De chorar por ti.

ÉLE SEMOG, "é carioca" de Nova Iguaçu, Vila Valqueire, Bangu, Leblon, Botafogo e Humaitá, tudo Rio de Janeiro, e mais um tiquinho de vida por outras partes do mundo. Poeta e contista, militante do movimento negro. Tem formação acadêmica como mestre em História Comparada (UFRJ/PPGHC), analista de sistemas (SESAT) com especialização em administração de empresas (PUC-Rio) e pedagogo (UNESA). Integrou o Grupo Garra Suburbana de teatro e arte de resistência; fundou e contribuiu com os grupos Negrícia Poesia e Arte de Crioulo e Grupo Bate-Boca de Poesia, Bloco de Afoxé Lemi Ayo, Jornal Maioria Falante e Centro de Articulação de Populações Marginalizadas – CEAP. Integrou o Conselho Executivo do Instituto Palmares de Direitos Humanos - IPDH. Foi presidente do Bloco Carnavalesco Passa Régua de Bangu. Coordenou o I, II e III Encontros de Poetas e Ficcionistas Negros Brasileiros. Foi membro da coordenação executiva do Fórum Permanente de Educação e Diversidade Étnico-racial do Rio de Janeiro e da Comissão de Políticas de Cotas da Universidade Federal Rural do Rio de Janeiro – UFRRJ.

Iniciou suas atividades profissionais como apontador e almoxarife em empresas de construção civil e como mensageiro na Fundação Getúlio Vargas. Trabalhou como analista de sistemas na Fundação Mobral (MEC) e como consultor nas áreas de sistemas de processamento de dados e sistemas administrativos de prefeituras, empresas privadas e organizações não-governamentais. Trabalhou também como assessor parlamentar, no Senado Federal, durante o mandato do senador Abdias Nascimento, de quem é autor de uma das biografias. Como escritor e militante da literatura negra brasileira participou e/ou apresentou trabalhos em congressos, seminários, encontros, palestras e recitais em Portugal, Peru, Alemanha, Angola, Argentina, França, Nigéria e Burkina Faso. Além de artigos em publicações acadêmicas, suas principais publicações são:

Obras individuais: "Curetagem", poemas, Ed. do autor, Rio de Janeiro, 1987; "A cor da demanda", poemas, Ed. Letra Capital, 1997 e Ed. Malê, 2018 2ª ed.); "Tudo que está solto", poemas, Ed. Letra Capital, 2010; "Guarda pra mim", poemas, Ed. Letra Capital, 2015. **Obras em parcerias:** "Essas poéticas negras" (organização, edição de textos e textos publicados), Ed. Centro de Articulação de Populações Marginalizadas, Rio de Janeiro, 2006; "1980-2005: 25 anos de movimento negro" (coordenação, edição de textos e texto publicado), MINC/Fundação Cultural Palmares, Rio de Jane iro, 2006; "O griot e as muralhas" (biografia do senador Abdias Nascimento) Ed. Pallas, Rio de Janeiro, 2006; "Atabaques" (poemas, coautoria José Carlos Limeira). Ed. dos autores, Rio de Janeiro, 1984; "O Arco-Íris Negro" (poemas, coautoria José Carlos Limeira). Ed. dos autores, Rio de Janeiro, 1979. **Participação em antologias:** Tem poemas e contos publicados nos Cadernos Negros edição do grupo Quilombhoje Literatura. "Trinta anos-luz". Orgs. Aroldo Pereira, Luis Turiba, Wagner Merije). São Paulo: Aquarela Brasileira, 2016; "Ogum's toques negros: coletânea poética". Orgs. Gueelwwar Adun, Mel Adun, Alex Ratts), Ogum Toques, Salvador, 2014; "Black Notebooks – Contemporary Afro-Brazilian Literature". Orgs. Niyi Afolabi, Márcio Barbosa & Esmeralda Ribeiro. Conto, Africa World Press, Inc., NJ, USA, 2008; "Black Notebooks – Contemporary Afro-Brazilian Literary Moviment". Orgs. Niyi Afolabi, Márcio Barbosa & Esmeralda Ribeiro. Poemas, Africa World Press, Inc., NJ, USA, 2008; "Glaubwürdung: gedanken – Geschichten – gebete". Org. Wolf, Waldemar. Poema, Aussaat – Verlag Katholisches Bibelwerk Gmbh, Studgart, 2006; "Quilombo das Palavras – A literatura dos afrodescendentes". Orgs. Jônatas Conceição e Lindalva Barbosa, Ed. CEAO/UFBA, Salvador, 2000; "Os Arcos e a Lira". Orgs. Ângela Melim, Carlos Lima e Renato Casimiro. Poemas. Ed. Oficina de Poesia Mario Faustino, Rio de Janeiro, 1998; "Revista do Patrimônio Histórico e Artístico Nacional nº 25" (poemas, MINC/IFHAN, DF/RJ. 1997); "Callaloo vol.

18", number 4, poesias e entrevista", The Johns Hopkins University Press, USA,1995; "Schwaarze prosa/Prosa negra – Afrobrasilianische Erzahlungen der Gerenwart", contos. Org. Moema Parente Augel, Belim:São Paulo, Edtion Diá, 1993; "Ad libitum Sammlung Zerstreeng r 17", poemas, Ed. Volk und Welt, Berlin, 1990; "Revista Tempo Brasileiro 92/93: O Negro e a Abolição". Ed. Tempo Brasileiro Ltda., Rio de Janeiro, 1988; "Schwarze Poesie – Poesia Negra", poemas, org. Moema Parente Augel, Edition Dia, St. Gallen/Köln, Alemanha, 1988; ""Ebulição da Escravatura", poemas, Ed. Civilização Brasileira, Rio de Janeiro, 1978; "Incidente Normal", poemas, mimeo, Grupo Garra Suburbana, Ed dos autores, Rio de Janeiro, 1977.

ELISA LUCINDA

ÚLTIMA MODA

Esta roupa não me serve
aquele uniforme não me cai bem
não quero essas regras
não mereço
não quero essas formas
essas ordens
essas normas
esses panfletos
o que pode ser dito
o que não deve ser falado
o importante não dito
o que deve ser feio
o que pode ser bonito.
Algemas nas correntes estéticas
não me interessam
não quero esses boletos
essas etiquetas
esses preços
esses compromissos.
Não tenho código de barras
não tenho marcas
comportamento,
não caibo nestas caixas
nestas definições
nestas prateleiras.
Quero andar na vida
sendo a vida pra mim
o que é para o índio a natureza.
Assim voo, pedalando solta
na estrada do rio da beleza

nos mares da liberdade alcançada, essa grandeza.
Em tal grandeza meu corpo flutua...
Nos mares doces e nas difíceis águas da vida crua,
minha alegria prossegue, continua.
Despida de armas e de medos
sou mais bonita nua.

LIBAÇÃO

É do nascedouro da vida a grandeza.
É da sua natureza a fartura
a proliferação
os cromossomiais encontros,
os brotos os processos caules,
os processos sementes
os processos troncos,
os processos flores,
são suas mais finas dores.
As consequências cachos,
as consequências leite,
as consequências folhas
as consequências frutos,
são suas cores mais belas.
É da substância do átomo
ser partível produtivo ativo e gerador.
Tudo é no seu âmago e início,
patrício da riqueza, solstício da realeza.
É da vocação da vida a beleza
e a nós cabe não diminuí-la, não roê-la
com nossos minúsculos gestos ratos
nossos fatos apinhados de pequenezas,
cabe a nós enchê-la,
cheio que é o seu princípio.
Todo vazio é grávido desse benevolente risco
todo presente é guarnecido
do estado potencial de futuro.
Peço ao ano-novo
aos deuses do calendário
aos orixás das transformações:

nos livrem do infértil da ninharia
nos protejam da vaidade burra
da vaidade "minha" desumana sozinha
Nos livrem da ânsia voraz
daquilo que ao nos aumentar
nos amesquinha.
A vida não tem ensaio
mas tem novas chances
Viva a burilação eterna, a possibilidade:
o esmeril dos dissabores!
Abaixo o estéril arrependimento
a duração inútil dos rancores
Um brinde ao que está sempre nas nossas mãos:
a vida inédita pela frente
e a virgindade dos dias que virão!

MULATA EXPORTAÇÃO

"Mas que nega linda
E de olho verde ainda
Olho de veneno e açúcar!
Vem nega, vem ser minha desculpa
Vem que aqui dentro ainda te cabe
Vem ser meu álibi, minha bela conduta
Vem, nega exportação, vem meu pão de açúcar!
(Monto casa procê mas ninguém pode saber, entendeu meu dendê?)
Minha tonteira minha história contundida
Minha memória confundida, meu futebol, entendeu meu gelol?
Rebola bem meu bem-querer, sou seu improviso, seu karaoquê;
Vem nega, sem eu ter que fazer nada. Vem sem ter que me mexer
Em mim tu esqueces tarefas, favelas, senzalas, nada mais vai doer.
Sinto cheiro docê, meu maculelê, vem nega, me ama, me colore
Vem ser meu folclore, vem ser minha tese sobre nego malê.
Vem, nega, vem me arrasar, depois te levo pra gente sambar."
Imaginem: Ouvi tudo isso sem calma e sem dor.
Já preso esse ex-feitor, eu disse: "Seu delegado…"
E o delegado piscou.
Falei com o juiz, o juiz se insinuou e decretou pequena pena
com cela especial por ser esse branco intelectual…
Eu disse: "Seu Juiz, não adianta! Opressão, Barbaridade, Genocídio
nada disso se cura trepando com uma escura!"
Ó minha máxima lei, deixai de asneira
Não vai ser um branco mal resolvido
que vai libertar uma negra:
Esse branco ardido está fadado
porque não é com lábia de pseudo-oprimido
que vai aliviar seu passado.

Olha aqui meu senhor:
Eu me lembro da senzala
e tu te lembras da Casa-Grande
e vamos juntos escrever sinceramente outra história
Digo, repito e não minto:
Vamos passar essa verdade a limpo
porque não é dançando samba
que eu te redimo ou te acredito:
Vê se te afasta, não invista, não insista!
Meu nojo!
Meu engodo cultural!
Minha lavagem de lata!
Porque deixar de ser racista, meu amor,
não é comer uma mulata!

(Da série "Brasil, meu espartilho")

PROFECIA

Um dia eu vou rir disso tudo
vou ter saudade do medo que eu tinha de não ter dinheiro amanhã
Um dia vou ser irmã da certeza
de comer, dormir e comprar disco todo dia
e ter galinha no quintal e viver bem
Um dia, meu bem
me verás vestida de ouro
e pensarás que vou a uma festa
A festa será aquela,
esta de estar em casa sem tensão
sem terceira imundície
Um dia meu irmão te direi: Não te disse?
E serei a negra mais feliz do Brasil
Não serei imbecil
Serei sábia e sutil na riqueza
Eu que era ovelha negra da quadrilha
vou sustentar a família
com tanta beleza
Um dia vou pôr a mesa
que o mundo guardou para mim
Patroa e empregada do meu próprio festim!

O POEMA DO SEMELHANTE

O Deus da parecença
que nos costura em igualdade
que nos papel-carboniza
em sentimento
que nos pluraliza
que nos banaliza
por baixo e por dentro,
foi este Deus que deu
destino aos meus versos,
Foi Ele quem arrancou deles
a roupa de indivíduo
e deu-lhes outra de indivíduo
ainda maior, embora mais justa.
Me assusta e acalma
ser portadora de várias almas
de um só som comum eco
ser reverberante
espelho, semelhante
ser a boca
ser a dona da palavra sem dono
de tanto dono que tem.
Esse Deus sabe que alguém é apenas
o singular da palavra multidão
Eh mundão
todo mundo beija
todo mundo almeja
todo mundo deseja
todo mundo chora
alguns por dentro
alguns por fora

alguém sempre chega
alguém sempre demora.
O Deus que cuida do
não-desperdício dos poetas
deu-me essa festa
de similitude
bateu-me no peito do meu amigo
encostou-me a ele
em atitude de verso beijo e umbigos,
extirpou de mim o exclusivo:
a solidão da bravura
a solidão do medo
a solidão da usura
a solidão da coragem
a solidão da bobagem
a solidão da virtude
a solidão da viagem
a solidão do erro
a solidão do sexo
a solidão do zelo
a solidão do nexo.
O Deus soprador de carmas
deu de eu ser parecida
Aparecida
santa
puta
criança
deu de me fazer
diferente
pra que eu provasse
da alegria
de ser igual a toda gente

Esse Deus deu coletivo
ao meu particular
sem eu nem reclamar
Foi Ele, o Deus da par-essência
O Deus da essência par.
Não fosse a inteligência
da semelhança
seria só o meu amor
seria só a minha dor
bobinha e sem bonança
seria sozinha minha esperança.

A FÚRIA DA BELEZA

Estupidamente bela
a beleza dessa "maria-sem-vergonha"
soca meu peito esta manhã!
Estupendamente funda,
a beleza, quando é linda demais,
dá uma imagem feita só de sensações,
de modo que, apesar de não se ter a consciência desse todo, naquele instante não nos falta nada.
É um pá, um tapa, um golpe,
um bote que nos paralisa, organiza,
dispersa, conecta e completa!
Estonteantemente linda
a beleza doeu profundo no peito essa manhã.
Doeu tanto que eu dei de chorar.
Por causa de uma flor comum e misteriosa do caminho.
Uma delicada flor ordinária,
brotada da trivialidade do mato,
nascida do varejo da natureza,
me deu espanto!
Me tirou a roupa, o rumo, o prumo
e me pôs a mesa...
é a porrada da beleza!
Eu dei de chorar de uma alegria funda,
quase tristeza.
Acontece às vezes e não avisa.
A coisa estarrece e abre-se um portal.
É uma dobradura do real, uma dimensão dele, uma mágica à queima-roupa
sem truque nenhum. E é real.
Doeu a flor em mim tanto e com tanta força que eu dei de soluçar!

O esplendor do que vi era pancada, era baque e era bonito demais!
Penso, às vezes, que vivo pra esse momento
indefinível, sagrado, material, cósmico,
quase molecular.
Posto que é mistério,
descrevê-lo exato perambula ermo dentro da palavra impronunciável.
Sei que é desta flechada de luz
que nasce o acontecimento poético.
Poesia é quando a iluminação zureta,
bela e furiosa desse espanto
se transforma em palavra!

A florzinha distraída,
existindo singela na rua paralelepípeda esta manhã,
doeu profundo como se passasse do ponto.
Como aquele ponto do gozo,
como aquele ápice do prazer,
que a gente pensa que vai até morrer!
Como aquele máximo indivisível,
que de tão bom é bom de doer,
aquele momento em que a gente pede pára
querendo e não podendo mais querer,
porque mais do que aquilo
não se aguenta mais...
sabe como é?
Violenta, às vezes, de tão bela, a beleza é!

A HERANÇA OU O ÚLTIMO QUILOMBO

Devagar, persistente, sem parar,
caminho na estrada ancestral do bom homem.
Herdo sua coragem,
herdo a insistente dignidade
daquele que morreu lutando pela liberdade
e me dou a liberdade de cometer este verso aparentemente bobo.
Caminho, me esquivo, driblo, esgrimo no caminho novo.
O inimigo é eficiente e ágil.
(Ninguém me disse que era fácil.)
Argumento, penso, faço,
debato no tatame diário.
Retruco, falo, insisto em toda parte no desmantelamento do ultraje.

Embora também delicada,
a força da emoção,
esta que nasce do coração,
não é frágil!
Sigo firme, ajo.
Por mim não passarão
com facilidade os que ainda creem na superioridade de uma etnia sobre a outra!

Por mim, pelo gume de minha palavra alta e rouca
não se sobreporão fascistas, nazistas, racistas, separatistas
qualquer ista, qualquer um que me tente calar, amordaçar minha boca.

Não mais haverá prisões,
ó grande nave louca,

para a minha palavra solta!

DAFODAVINDES

A mulher subindo a pé.
O filho pesadinho e amado
vem aconchegado em seus braços
na íngreme ladeira.
É foda!
Um dia a moça deu para o outro
a macia rosa.
Da deliciosa noite de prazer
brotou menino.
É foda.
Um entra dentro do outro
e habita o mundo:
Foda!
O princípio é uma foda.
Bendita palavra,
nome do profundo encontro,
Coisa gostosa que nunca
sai de moda.
Foda!
Palavra pequena e benta,
não sei porque incomoda.
Mente quem nega
o que a vida é:
Foda!

CREDO

De tal modo é,
que eu jamais negá-lo poderia:
sou agarrada na saia da poesia!
Para dar um passeio que seja,
uma viagem de carro, avião ou trem,
à montanha, à praia, ao campo,
uma ida a um consultório
com qualquer possibilidade, ínfima que seja, de espera,
passo logo a mão nela pra sair.
É um Quintana, uma Adélia, uma Cecília, um Pessoa
ou qualquer outro a quem eu ame me unir.
Porque sou humano e creio no divino da palavra,
pra mim é um oráculo a poesia!
É meu tarô, meu baralho, meu tricot,
meu i ching, meu dicionário, meu cristal clarividente, meus búzios,
meu copo d'água, meu conselho, meu colo de avô,
a explicação ambulante para tudo o que pulsa e arde.
A poesia é síntese filosófica, fonte de sabedoria, e bíblia dos que,
como eu, creem na eternidade do verbo,
na ressurreição da tarde
e na vida bela.
Amém!

MANTIMENTO

Preciso de pouca coisa:
um pai passa de bicicleta cruzando a tarde quieta,
tarde de pedra em Paraty.
(Sobre ela, o fio da delicadeza passeia.)
A filhinha indo em pé sobre o quadro,
abraçada a ele.
Satisfeito, o homem a envolvia na segurança
com o braço direito,
enquanto o esquerdo guiava a bike
trazendo a mochilinha rosa dela na mesma mão.
Destreza. Maestria. Proteção.
Dava pra ver a confiança ali.
De pé no quadro, com o vento delicado nos cabelos, e sem medo,
ia satisfeita e tranquila a garotinha ali.
Só isso, pra mim,
só isso assim, essa cena linda de Paraty,
no meio da rua do povo,
e o velho mundo mau fica bom de novo.
Uma bondade de raiz...
Preciso de pouca coisa pra ser feliz.

ELISA LUCINDA poeta, atriz, jornalista, professora e cantora, Nasceu ao meio dia, de um domingo de Carnaval, na cidade de Vitória do Espírito Santo, em dia de Yemanjá. É uma das autoras que mais vendem no Brasil. Seus livros, em sucessivas edições, percorrem o país sendo lidos, interpretados, encenados, enquanto seu nome figura dando títulos a bibliotecas e outros espaços de leitura. Elisa, que, nas palavras de Nélida Piñon, "tem a linguagem em chamas", possui dezessete livros publicados, dentre os quais a Coleção Amigo Oculto, de livros infanto-juvenis, que lhe rendeu, em 2002, o prêmio Altamente Recomendável (FNLIJ) por "A menina transparente". Lucinda encena e circula muito de sua obra pelos palcos brasileiros e estrangeiros, e comemora o reconhecimento de ser uma das escritoras que mais popularizam a poesia em nosso tempo. Versos de Liberdade, que ensina a palavra poética aos jovens que cumprem medidas, é um dos projetos que a sua instituição Casa Poema desenvolve, entre cursos de Poesia Falada para todos. Seu primeiro romance "Fernando Pessoa, o Cavaleiro de Nada", uma autobiografia do poeta, foi finalista no Prêmio São Paulo de Literatura 2015. Depois do "Vozes guardadas", seu décimo sétimo livro, a multiartista lançou o "Livro do avesso, o pensamento de Edite", editora Malê.

Facebook: https://www.facebook.com/elisalucinda/

Email: producaocasapoema@gmail.com

EUSTÁQUIO LAWA

AXÉ E FILOSOFIA

Eu não sei se ocê lembra da Don'Luzia
(do litro da branca dibá da pia)
Que não tem quizumba ou melancolia
E mistura axé com filosofia

Ela não respeita topografia
Tanto dá na popa quanto na guia
Pode ser de noite ou durante o dia
Com penicilina ou taquicardia

Se dão palpite errado, ela entra e pia
Sobre física quântica ou entropia
Já que é tudo tropo da mesma fia
da digina do eró e da antipatia

Come xinxim de sapo e arrota jia
Larga o erê no rol da antroposofia
E se o forró carece de energia
Serve um bom filé com neurastenia

Baixa nela um bicho que late e mia
Que tem cinco pernas e o oi que alumia
Fogo na venta e fumaça no bia
O rabo dele é quente, a língua fria

Sei que lê a sorte por quiromancia
Que vê o futuro pela astrologia
Uma boa dica: nasceu na Bahía
E pra completar, ela é minha tia.

LUSCO-FUSCO

Sonhei
que um beija-flor adejava
no entorno desse sorriso
e sugava delicado
o mel em teu(s) seio(s)
macios

Entre lençóis acordei
E o sonho continuava

Névoa doce fugidia
Não se vá, durma em meu leito
Refratando esse desejo
No mar da minha agonia.

Fui a Freud
ao Ifá
aos Mais Velhos
(os mais sábios)

E traduzi tal tormento
que imaginava acabado

Colibri de alma vadia
Entendi bem o recado
– de través, como é seu jeito –
Temendo não ser aceito,
é este bico
os meus lábios.

AO HONTEM

Os quilombos de hoje em dia
Não têm bairro ou geografia
E estão por toda parte
Na Prosa e na Poesia
Drama, Comédia ou Costumes
Onde quer se encontre Arte
Onde existir o combate, amor, carinho ciúmes
Dor, prazer e alegria
Dureza, raiva danada
E até na goiabada
cascão, chouriço, rabada

Pois quem reclama da vida
não está com porra nenhuma

E se quebrei o pé do verso
Chamai a isto heresia
Pois que o Quilombo de hoje
Quebra o verso e até a espinha
de quem só come o pirão
se ali tiver a farinha.

Daí vou roubar linguagem
Símbolo, sino ficado
E fazer uma lavagem
No tino da escadaria
No fino da contraria
Pedir maileme Oxalá
E zinfim pra minha tia
Chegou a hora do vento

Lambê papel desbotado...

BAFO-BAFO, PIPA E ZOOLÓGICO

Ontem levei de tardinha
Pra brincar na pedra lisa
O filho da Dona Flora
o mais magrinho, Marcelo
– irmão do Bruno e da Aurora.
Soltamos pipa no morro
e pedra nos três barracos
grudados na beiradinha

Bruno roubou jamelão
no Sô Élcio Manco, das ervas
Levou porrada na bunda
do pai dele porque a roupa
ficou manchada de azul

Hoje o braço do Tiago
da Zoca tava gessado
(jogava bola escondido
da mãe e do pai, olha só)
Caíu de mau jeito, coitado
Fomos ao Posto lá embaixo.
Cheguei em casa já de noite
Ninguém reclamou comigo.

Sempre roubo jamelão
e jogo pedra nas casas
Já quebrei o dedo, no gol
na quadra lá em baixo. Aí,
quando volto pro barraco
não tem pito nem cascudo

ninguém que me leve ao Maraca
– Eu, o rei do bafo-bafo! –
ao zoológico, ao pagode
ou que me mande estudar
comer sem deixar no prato,
de cara feia, bem zangado:
se tivesse eu até gostava.

Mas eu jamais vi este pai
que o Bruno tem, todo mundo
o Marcelo, o Tiago e a Aurora.
Minha mãe conta que o meu
saía com o pai do Luisinho
e fazia seresta junto
com o tio do Reginaldo – o que vende
bala no sinal.
Mas quando diz isso ela olha
gozado. Triste e com raiva.

Me responda, parceirinho
Esse meu pai morreu mesmo
quando eu era pequenininho
ou vai ver, nunca existiu?

SOBRAS

Da luta do dia-a-dia
a nota suja, rasgada

Do samba o eco no asfalto,
última estrofe, engasgada

Da fuga da armadilha
um olhar de fera acuada

E traz marcado na alma
o lanho da chicotada.

BOIUNA
(para Abayomi)

QUANDO EU CHEGAR NO TEU SONHO
Reserva-me
a lágrima última deste leito
seco

Quando eu chegar no teu sonho
Reserva-me
a frouxa margem deste útero dorido
Cansado
da busca morna de falos
fracos
feridos
moribundos

QUANDO EU CHEGAR NO TEU SONHO
Erga-me os olhos duros
a boca mal lavada,
rota,
de uma busca falsa e
mal-dormida, ressentida
sentida, sabendo a restos, vindos
do bucho entupido da farinha
podre
dos acordos interamericanos

QUANDO EU CHEGAR NO TEU SONHO
ESCONDA-me teus murchos anos
e enganos
que os meus já são nossos.

Soma-os.

QUANDO EU CHEGAR NO TEU SONHO
OS partidos e movimentos
se calarão
e no momento
respeitoso do encontro
aguardarão nosso medo passar
passar
para lembrar que a luta não
para lembrar que a luta não
para
para que a luta continue
e a vitória continue
Certa.
Continue.

QUANDO EU CHEGAR NO TEU SONHO
ceda ao devaneio
e erga sob mim teu corpo sólido,
estes olhos límpidos
milênios guardados de amor
guardado
e entrega-me a flor
do teu ninho,
reservada úmida
para meu corpo sujo

QUANDO EU CHEGAR NO TEU SONHO
suba-lhe à garupa

e cavalguemos juntos
juntos
Quando eu chegar no teu sonho...

NÓS

Nas malhas do meu bordado
Quis rimar negro com guerra
Um negócio bem difícil
Então rimo negro com vida
(ossos deste nosso ofício...),
o que não pode nesta terra,
que dizem de todos nós.
E ela é, de todos os nós.

Nó cego, górdio, de forca
de correr, voltas falidas,
de pedreiro, borboleta,
de marinheiro, paulista,
ou emenda de cotovia.

Nó balso de calafate,
Fiel dobrado, lais de guia
Todos feitos com tal arte
que se a coisa ficar ruça
vou deixar um livro-caixa
aberto por toda parte

Quem estiver nos devendo
e entender bem o recado
Se vestir a carapuça
ficará todo "danado".

LEDA E O CAVALO

A amazona helenizada
Esquece o cisne inconstante
E no delírio do instante
Se chega ao novo animal

Pernas trêmulas, nervosa
Sente desejos de tê-lo
a trotar por entre os campos
e de esfregá-lo em seu pelo

Braços presos ao pescoço
Coxas abertas ao dorso
Sonhando sonhos gulosos
Atraca-se ao garanhão

Torce e retorce a estrovenga
Do talo à ponta do umbigo
Com tanta força e cuidado
Que a flor se entrega ao perigo

O gigante agradecido
Põe-lhe a língua na antessala
Lambe a beirada do beiço,
Solta um urro, o corpo estala
E de enlevos quase morre

Pois quando menos se espera
Nas primícias da refrega
Ainda aquecendo a cratera
Explode o desejo insano e...

rompe o dique, o mel escorre.

QUANDO ÉRAMOS TRIBO
OU

COLAGENS NUM BAÚ DE LOUÇAS E LEVES SAUDADES

Parte 1/3
(Lapa de todos os sabores)

I
Tenho uma capa de livro;
"Arte de Luiz Carlos Gá,
foto Januário Garcia"
E uma xilogravura
"... oficina de Zé Paixão".
Duas aquarelas feitas
por Djalma do Alegrete
Nas cores descoloridas
guardo imagem e grafia:
"Solidões suaves de soturnas sulicidades
fracamente refletidas
no peji entreaberto sob as sombras palmarinas
de frondosas oliveiras-silveiras"

II
Imagens entrelaçadas.
Telmas e Lálias.
Vaso de cravinas. Copos e sobremesa.
Ladeira dos Guararapes, Realengo e Botafogo.
Lélias e Beatrizes
Nascimento, vida e morte,
quem diria,

de afetos inconfundíveis.
Felicidade guerreira.
Fortalezas inenarráveis.
Paulo César, o da viola, diz assim,
meu tempo é hoje, eu não vivo no passado,
mas ele está vivo em mim.

III
Outro Paulo, o Roberto
circunavegava o Plano Piloto, a feira do Guará, o Núcleo Bandeirante
em Mourarias dialéticas pelos pores-do-sol geometricamente cortados
no horizonte cerrado
Época em que mais um Paulo, o axé da vereadora,
desfilava aús e meias-luas em meio a tardes tórridas
no domingo del Castillo.
Adiante,
Guadalupe
Ubirajara
Rocha Miranda
Portela
Roberto Ribeiro... "cantem samba minha gente, nesta festa que domina..."
Pagodes, forrobodó
Gilson, Eliete, Filó
Cristinas, Terês Babás
Estamos plenos de sílvias,
de flores brancas e negras
Assuntas e Arabelas,
De um Maracanã lotado
memórias doces de Márcias

Bandeiras vascas e afonsinas
Soniando junto a Mhelena(s)
pelas estradas de Pedra
entre ternas a-moreiras
recendendo a Cane(l)las
E quando é o Kaz(u)o,
a nardos do Japão.

IV
Bastantes os Amauris,
Mendes, Muniz e Quietinhos

V
Entre atrizes e cananeias
Giovanas, Bárbaras, ateias
Sandras de cá e de lá
do povo sem ser plebeias
com fábios e favelões
Elisas,
Lu(c)zindas,
Rutelantes no espaço
adimensional do Estácio
Dos livros de Papa-Léguas
sob os cânticos boêmios
da Lapa e do Pelô

VI
Sobraram dor e saudades
de Carlões e Suelizes
Jomos, Tulanes, Mayombes
Sônia e seu casalzinho
com meus filhos e sobrinhos

tudo junto e misturado
na aconchegante clãmília
Quando éramos (mais) felizes.
Holiday, os anos de paz...

VII
Índio e Filhos de Ghandi
das Cavernas da Central
abrindo meu Carnaval
Vi sungo no horizonte
Dendê, Leninha e Samuca
Rita, Lula, Sprito Santo
Oh, lorum, como machuca!
a lembrança livre, lírica
de quando éramos tribo
– E por que não somos mais?

QUANDO ÉRAMOS TRIBO
OU

COLAGENS NUM BAÚ DE LOUÇAS E LEVES SAUDADES

Parte 2/3
(Arte, Cultura e Política)

I
Yeahdo...!
Falantes tições sinbáticos
de Togos, Jorges e Jucas
Ras A(d)rautos da luta épica
ConVicktos da perenidade telemática
Ah, Zoilda, Gil, Zenaide
Suzete, ovos e Botha
Stelinha e Cecília
luizindo candeinhas
Crispim, com sua zumbarte
questiona esse dia de graça
No quilombo de São Sebastião
nessa terra de BasTiões
Só Alfredo e só os ares
da Lapa e da TVE,
Oh, límpios, calmos, turrões
Eis que vem a Parca (ou Jah?)
Nos arrebata Hermógenes
Não o mentor de Platão
Não o apóstolo da yoga
Mas o dread dos aclives
do Vidigal, da poesia

suporte de Juredita.
Na esteira se vão ivos
nos redivivos de Marley
nos pipocas da Bahia
recebendo Jimmy Cliff
e os longínquos Veríssimos do Norte

II
Daí, vamos Romãos à obra:
Zé Ricardo el bodeguero
Plinio, Jupi e Alafin
no turbilhão dos oitentas
Dandara, Ilê, Badauê
Dalmires, Hamiltons, Jônatas
Passarinhos, Linos, Cândidos
Els(z)as, plenas de parreiras
florescentes oliveiras
Todas elas de doçuras

III
Adélia, Deley e Lia
na soleira da biblioteca,
que chovia...
De Jota Jota e Madeira
que mesmo cupim não rói
Oh, isso me dói bem bão
como coceira no pé,
não é?

IV
É ainda o bom Paulinho,

O das sandálias ou o trovador:
Não sou eu quem me navega
quem me navega é a(dor)mor

V
Outros morros e Conceições
outros Jordans e Ainás
pernas vivas e valentes
Sigamos subindo serras
contra guerrilhas injustas
E façamos como antes
Apoiem-se em mim, meus gigantes!

VI
São Ab-dias de brisas
assoprando nos ribeiros
Alberto, Ordenaê!
Vem Jesus, O imprevisível
de Ponte Nova, veja você...
das marchas loucas da vida
mães da esperança que temos
Isso quando éramos tribo
– Levo fé que ainda seremos...

QUANDO ÉRAMOS TRIBO
OU

COLAGENS NUM BAÚ DE LOUÇAS E LEVES SAUDADES

Parte 3/3
(Dentro e fora do Eixo)

I
Pedrina, de Deus!
Da Vila Isabel sambosa,
da casa de Luiz Fernando
herdeiro do Brasiliana
das musas do Renascença
com Renato, o Radical
de ilógicos zoológicos
e seus livros antológicos
tudo a preço de banana
Irajá CidadeDeus
Denival, Denise, Adalton
Fui além da rodovia
Vi Mariano Augusto
Ramalho sem sua Bartira
Isabel, Benícia, Miriam
(xará da irmã de Moisés)
Oubi parceiro ancestral
Cuti, Arnaldo e Abímbola
memorAbilia fayola
Semog e Souzalopes
Saudei o triunvirato
Colina, Oswaldo, Abelardo

Fesan e o Feconezu
Márcio Ebó, a Malaquias
E caí no Carnaval: "Perfume o ar, doirando o chão,
Se faz garoa chove rosas de ilusão"
Esmeralda encontra Márcio
nos quilombos de hoje em dia

II
Essa já é do Queiroz
ou de Miguelzinho Pereira
Os Maias:
Ilka, Ilmar, Irani
Esperanças e Suelis.
Edlas e Florisbelas
Jorge, Gilberto e Jorginho
Aninha, Iolanda, Julinho
Renato e Regicoeli
do Ingá e de Icaraí
nas bordas da Grande Poça

III
Do litoral ao planalto
Lydia, Domingos, Romeu
Jovitinha e Solimar
Brasa Tia Neiva e Warley
Diva, Murilo e Kimura
Ceres Rúbias de Otacílio
Nétio, Calberto, Verônica
Marcelo, Mara Sueli
Uísque com água tônica
E Edson da Regina
tão Cardoso e tão amigo

Nete, Clauzene, Osmar
Plis, Madalena, Gilberto
Pedagogos do oprimido
Em Belô, aqui pertim
Lucimar, Carzaugusto e Markim
Diva, Mazza, Vladimir
Cidinha e Célia Makota

IV
Mãe Bahia de Stella
Hilda, Vovô e Gilberto
De Atalito, o Dom Quixote
e a sua Dulce-neia
me lembram, nos Desvalidos
que o que mesmo vale a pena
é a força da amizade
todo o resto é tutameia

V
– Oh, minha tribo de antanho
apesar de seu tamanho
Te levarei pro Orun
nem que seja em potência
dentro desta sementinha
que guardo dentro do peito
para um dia no infinito
com cuidado (re)plantar.

TRAÇADO

traça
o caminho que come
A traça
Não voa
a penas rasteja
cega
sozinha

Sozinho
traço
meu traço
Não como voo
Como vejo
Apenas caminho...

EUSTÁQUIO LAWA, ou Eustáquio José Rodrigues, nasceu em Ponte Nova – MG, em 29/01/1946. Engenheiro eletricista (UFMG, 1970) e Psicólogo (UERJ, 1980), passou a maior parte da juventude em Belo Horizonte — MG. Trabalhou, de 1971 a 1991, nas Centrais Elétricas Matogrossenses – Cemat e em Furnas Centrais Elétricas – RJ, período em que viajou pela África – República Democrática do Congo (ex-Zaïre), Congo-Brazzaville, Tanzânia, Rwanda, Burundi e Angola – e por Estados Unidos, Canadá, França, Itália, Alemanha, Bélgica, Holanda, Reino Unido, Argentina, Bolívia e Paraguai, em intercâmbios tecnológicos, políticos e culturais.

A partir de 1995, após mestrado em Administração Pública pela Fundação Getúlio Vargas – FGV, curso de Especialista em Políticas Públicas e Gestão Governamental na Escola Nacional de Administração Pública – ENAP, e breve período na Controladoria da Prefeitura do Rio de Janeiro, veio a trabalhar na Administração Federal, integrando o Ministério da Administração e Reforma do Estado – MARE, o Ministério da Cultura – MinC e o Tribunal de Contas da União – TCU, onde se aposentou em 2009.

Ativista do Movimento Negro desde 1977, foi membro do Instituto de Pesquisa das Culturas Negras — IPCN, do Grupo Negrícia, presidiu o Comitê Antiapartheid do Brasil e participou da organização de encontros políticos, atos públicos e de marchas contra o racismo em diversas unidades da Federação. Atualmente, luta pela Reparação aos descendentes dos povos africanos escravizados.

Na sua diversificada obra literária, destacam-se: Cauterizai o meu Umbigo (Contos, 1986), Flor de Sangue (Contos, 1988), Provérbios Pós-Modernos (2001), Setor Elétrico Brasileiro – Estrutura, Funcionamento, Instituições e Perspectivas para o Controle (Técnico, 2ª edição, 2013), Além das Águas de Cor (Romance, 2014), Brasil: Traços comuns às Políticas Culturais do Governo Federal entre 1937 e 1997 (Dissertação de Mestrado – FGV, 2000), Será Noite ou Será Dia? (Poema-Prefácio do livro MATERIALISMO DIALÉTICO – Ferramenta do Trabalhador, de Eitor

Reigada, 1991) e A Decisão e seu Demônios (Ensaio, 1º lugar no Concurso Casos e Textos sobre Administração Pública, FERJ, 1997). Participou das antologias Schwartze Prosa – Prosa Negra (Contos, 1993), Cadernos Negros – Os melhores Contos (Org. Quilombhoje, 1998), Contemporary Afro-Brazilian Literature –Literatura Afro-Brasileira Contemporânea (Africa World Press, Inc., 2008), Literatura e Afrodescendência no Brasil: Antologia Crítica (UFMG, 2011) e Os Afro-Brasileiros na Gestão Pública (Artigos, CEAP, 2012).

HÉLIO DE ASSIS

MANUEL CONGO

Dizem nos eitos
Sussurram nas senzalas
Enquanto o coro come
Nas costas do negro fujão
Liberdade
Nada sabe o feitor
Descansa o capitão do mato
Dormem as sinhazinhas
Sonhando com seus escravos
Damião Benguela
Umedecendo as suas entranhas
Acendem velas, fazem promessas
À Nossa Senhora das putas pecadoras
Oram no Silêncio do Ângelus
- Guardai minhas virtudes
Para os mancebos pretendentes
E que sejam viris
Tendo seus instrumentos
Maiores que a palma
De nossas mãos, Mãe!
E menores do que tem Damião
Valei-nos Nossa Senhora
Para que não tenhamos dores
Lá fora, ainda noite
A pele dos tambores
Tramam um novo dia
Bo peji Ogum/Jorge empunha a lança
Xangô/Jerônimo assenta a pedra
Da justiça
Exu/Benedito

Sorri do lado de fora
Laroiê Liberdade.
Na casa grande Mucamas
Temperam o veneno e o feijão
Com saliva, reza e mandinga
Mandingas explodem nos patuás
Seus filhos comem as sobras
Da sobra dos cães
O silêncio grita
Voa distante/Atravessa o Atlântico
Corre pelas savanas
Atravessa as matas
Encontra o Kuanza
Navegando em seu coração
Sobrevive come palavra-pólvora
LIBERDADE
Mariana Crioula/Manuel Congo
E tantos outros
Fazem a Fazenda Maravilha
Arder.

ARRASTÃO

Ontem
Arrastavam correntes
Hoje descontentes
Arrastam gentes

PAISAGENS

Toda paisagem
Vista de frente
É meu passado
Sempre presente

COTAS

Ao passar pelas frestas
Abrindo portas/janelas
Cruzando pátios
Somos números ímpares
Entre os mesmos pares

BRASILEIRINHO

Rei dos becos ratos
Olhos acesos bolados
De ver de perto o movimento
Erês/Pererês, Salve
Aruê Exu
Pretos feito gente bagana
Subindo as seis as Rocinhas
Negro servido aos brancos
De canudo de prata
Nego não ser
Final do prato/Rabo de cobra
A sobra da sobra
Rocinha não é São Saruê
Rocinha
Onde Ogum baixou um dia
Veio com toda sede
O brilho do ferro em seus olhos
E ai vindo os ômi vieram
Pelos becos e vielas
Feito legião de crentes
Daqueles de encher o saco da gente
Trazendo Bíbliametralhadoras
E bocas apocalípticas destravadas
No silêncio de suas mortes
E ali Buzunga bailou
Numa chuva de balas
Feito dança pra Xangô
Que ainda gritou
Kaô Kabecilê!
E o corpo de seu filho ali

Pra Domingos Jorge Velho
Vender mais um Zumbi
Cosme bradou pra Damião
Bala não doce meu irmão
E o sangue das crias
Rolou
No peji das pedras
No asfalto da roça
Menino foi indo do Ayê ao Orum
Na barra da saia da mãe
E o sol sangrava a tarde.

FAVELA

Parque proletário/Mangue/Muquiços
Alagados/Marés
Mas pode me chamar
Favela/Vela acesa
Negra/parda/mulata/branca
Menina pés descalços
Na chapa quente
Manda um katuque pro gerente
Afila anda/tem é gente
Vem os ômi/Num tem arrego
Olha o medo na ponta dos dedos
Bota a cara
Aqui a vida é barata
O paraíso é distante
Tudo que tomba
Cresce mais adiante
Pode me chamar de favela
Vala aberta/sentinela alerta
Entre o preto e o branco
O diabo é padroeiro
É santo
Se liga na parada
Do lado certo da vida errada
Já encontrei a vida armada
Quem corre atrás
Só vai encontrar migalhas
O amanhã é hoje/Tudo ou nada
Quem nasceu por um fio
Sabe o corte
Da navalha.

LOUCOS

Todos os dias
Eu os vejo nas ruas
Loucos novos/novíssimos
Príncipes etíopes/Rainhas do Daomé
Guerreiros vencidos
Despojados de tudo
Seus sonhos são suas sobras
Uns sorriem/Outros choram
Por pão/Cigarros/Algum dinheiro
Alguns Lázaros/Omulu
Carregam seus cães
Irmãos e parceiros
Um vive próximo de mim
Negro alto, magro e torto
Que feito um escriba real
Transcreve dias a fio
O alcorão/cânticos de Salomão
Cartas de Alfo em Higrógrafo e Sânscrito
E outras línguas perdidas
Dias e noites
Com seu olhar
Esculpido aos poucos
No tempo
Tempo único de sábios
E loucos
Que dilaceram os porões da alma
Uns pela margem/Outros pela calma
Passageiros dos novos/Velhos Tumbeiros
Eu sempre os vejo

CABOCLA YARA

Conheci Yara
É verdade/não tínhamos
Lanças/Flechas/Cocares
Espelhos/miçangas/bugigangas
Só olhares
Yara, pelo traço é
Avoé Canoeira/quimbundo/Bakongo
Ou tupyorubana
Ou sei lá
Uma princesa Daometana
Exilada pros lados do Irajá
Yara me convidou pro jantar
Logo eu um legitimo Jeijê da tribo
Puri Tupinambá
Tai, gostei do seu alguidar
Entre Brahmas e Cauins
Vinho de palma/aluás
Pacas tatus – cotias não
Provei de sua língua
(Antropofagicamente)
Em minha língua
E ali, nas matas que nos restaram
Nos becos da Lapa
Fomos índios quilombolas
Ardendo de amor
Essa negra cabocla
Promete descendência
Erês, curumins/pirralhos
Lambuzaborrados
Guerreiros canoeiros Zumbis
Guardiões de nossa memória

Ogãs yaôs passistas
Pastores de um novo rumo
Ala de frente
Dos Acadêmicos do Só Roda Quem Pode
Mestres Salas do GRES Universidade
O que tiver que ser será.

DE FERRO, CARVÃO E BRASA

(para Dolores Pacheco /in memoriam)

Este ferro de minas
o carvão que acende
a brasa que arde
minha vó contava histórias
enquanto passava
com os olhos vermelhos
a brasa acordada
e hoje eu vejo
como seus olhos fossem
meninos carvões
de brasas dormidas
soltos na multidão
sob olhos e corações
de ferro e aço
das grandes cidades
são fagulhas soltas
que queimam e ardem
o medo do medo
das margens
enquanto a mentira
for dona da verdade
e seus cobertores
mantos
de toda desigualdade
serão caça e caçadores
em todos os lugares
neste ferro de minas
o carvão que acende
a brasa que arde.

SONATA PRA CAROLINA

Carolina
Carolina de Jesus e seus sonhos
revelando a margem
do seu quarto de despejo
feito um moinho
pelo avesso
do fim ao começo
Carolina das palavras
feito corte das navalhas
dias de luta/dias de preto
tirando leite das pedras/poesia dos guetos
escritas nas folhas vazias
das ruas de cada dia
Salve Nossa Senhora do Desterro
ave-maria/alegria
quando tem fumaça no fogareiro
Carolina/Carolina
de onde vem essa força
na pele o segredo
pra contar dos porões
as favelas negreiros
Carolina da cor
ébano da cruz
Carolina de Jesus.

HÉLIO DE ASSIS é sobrevivente carioca, além de: poeta, teatrólogo, roteirista, letrista, Diretor Musical, sambista, filho de Ogum e ex-ponta esquerda do glorioso São Cristóvão F.C.

Literatura (livros editados): "No Bloco das Piranhas", coautoria com Carlito Azevedo (Poemas) Ed. do Autor; "Boi Jeans - Um cordel Urbano", Ed. do autor; "Antologia de Poesias Negras", Cadernos CEAP, RJ; "Antologia de poetas Negros", Ed. Ática.

Vídeo/Cinema: documentário "Memórias da Tribo" (sobre a construção popular da GRES União da Ilha do Governador) em fase de finalização, roteiro e direção; "Desconstruindo João", docudrama sobre a trajetória do nosso Mestre Sala dos Mares, João Cândido, roteiro e direção (disponível no youtube).

Música/Shows: "Que Bloco é esse" (música e dança), roteiro com Mario Makaiba, Mombaça, Hélio de Assis e grupo de Dança Saphi; direção de Railda Galvão - Teatro da UFF/Centro de Niterói; "Vozerio" (música) com Marko Andrade, Antonio Carlos Mariano e Henrique Silva, Centro de Memória da Música Carioca – RJ.

Teatro/Peças encenadas: "Edgard o Grande Marajá", monologo com Edgard Salvador Britto Ribeiro, Bar O Constituinte, Centro, RJ; "Almas Negras", musical, Circuito Sesc RJ; "Memórias do Fogo", adaptação do livro homônimo de Eduardo Galeano, montagem com alunos do Ciep Carlos Drummond de Andrade, Sesc Madureira.

Em Movimentos: Diretor Cultural - Grupo Afro Agbara Dudu; Afoxé Filhos de Ghandy e Granes Quilombo.

Fundador/Presidente da CAIS - Cooperativa dos Artistas Independentes dos Subúrbios; com atuações em seu grupo Teatral Cara&Coragem e em sua revista literária "Semente";

Fundador e poeta do Grupo Negrícia Poesia e Arte de Crioulo.

Premiações: "Prêmio Palmares de Comunicação", Ministério da Cultura/Brasil, Programa Radiofônico "Negrícia , Poesia e Arte de Crioulo"; vencedor do Festival de Música Afro-Brasileira de Limeira - São Paulo.

Imortal: Não tem aonde cair morto.

JOSÉ JORGE SIQUEIRA

CIVILIZAÇÃO MATERIAL

(À feição de fins do século XIX e princípios do século XX)

Fiação e tecelagem de algodão
Serrarias, moagem de cereais, fabricação de farinhas
Congelação de carne, cerveja, beneficiamento
Do arroz, do algodão, do café, do mate
Fabricação de papel, curtumes
Móveis de madeira, refinação de açúcar, olarias
Gelo, fundição e laminação do ferro, construção
De máquinas em geral, calçados de couro
Carros, carroças, wagons, elevadores
Óleos vegetais, sabão, chapéus de feltro
Louça comum, cigarros, charutos, aguardente
Vidros, cristais, sacos, massas
Alimentícias, doces, confeitos, caixas e caixões
Esquadrias, portas, escadas, cordoalhas
Cal, cimento
E o homem? Onde estava o homem?
Máquinas para a indústria e lavoura
Arados, trolys, engenhos, caldeiras, placas de ferro
Chapas para fogões, fogareiros, braseiros, torradores
Artigos sanitários, portas de aço, buzinas
Bombas para água, extintores de formigas, tachos
Tanques, cylindros, tubos, sinos
Ferros de engomar, panelas, louça de ferro
Trincos para portas, peças de metal para arreios
Bronzes de arte, caixas d'água, cofres, grades
E o homem, onde era o homem?

BARROCO MINEIRO

Penacho de índio, de dono da terra
Centurião romano de asas de anjo
Vou dramatizar a alienação
O conflito e a dor
Expurgar as forças destrutivas da sociedade
Cortejo atlântico, Triunfo Eucarístico, imperador dos mamelucos
Ò Virgem Nossa Senhora da Conceição de feições indígenas
Cosmogonia da Criação, panteão de deuses e entidades imprevistas
Ò Nossa Senhora do Rosário dos Homens Pretos
Aleluia transmudada em congos e quilombos dos Palmares
Na dança de sentido anti-horário
Celebração tropical delicada e decisiva
Cortejo de nau lusitânia, estrela inventada, mares nunca de antes navegados
Diferenças que se pronunciam sem se anular
A fé a enquadrar o milagre
Sacrifício e salvação, dor e êxtase
Ignomínia e glória, a recompor um mundo de tensões
Espalharei por toda parte, se porventura houver engenho e arte
Visitar para o ano outra vez o auto de fé transcendente

BN

Todos os dias esse relógio-sino ecoa
No interior da centenária Biblioteca e cria
Densa e silenciosa sensação dos tempos vívidos
Companheiro da paisagem externa do mundo interior
Dos livros em pensamento atento
Cortinas inefáveis de sentimentos muitos na manhã de sombra e luz
Ouve-se ali a ode do poeta marítimo
Erguem-se ali faróis-norte na imensidão do oceano interior
Oferecendo algum lume aos mistérios do mundo
Quanto de saber esperar para contar esse relógio-sino soa?

SOLIDÃO DA PALAVRA

(à feição de FP)

Nada há de mais triste sozinho quando a solidão é a palavra
Do poeta
Confissão sem fato?
Saudades mais que de chegar, de partir?
Onde teu eu próprio?
Retiro de si mesmo, tua ilha, todo o tempo subjetiva?
Ó dramaturgo do desfile de vozes de minh'alma
Onde há poesia em tudo: na terra e no mar
Nos lagos e nas margens dos rios, nas latas velhas
Numa caixa de fósforos, em dois papeis sujos
Ó águas misteriosas a bater-me nos rochedos do peito
Náufrago do oceano de mim mesmo
Abismo interno carregam-me os sonhos
Vá! Sede plural!
O consolo dos versos do poeta, quem os lerá?
Não lhes era destino ficar em si
Aldeia de tambores que eram
Forma nova de sugerir o porvir no presente
Sinto frio em minh'alma que é a de todos
"O que é fazer poesia senão confessar que a vida não basta?"

ANTOLOGIA DRUMMONDIANA

Poema de sete faces
De um eu todo retorcido
Soneto da perdida esperança
Patético
E agora?
A mão suja, a flor, a náusea
O consolo na praia
Essa província que não me deixa
Essa cidadezinha qualquer
Esse vasto mundo
A família que me dei
E agora?
Versos à boca da noite
Nudez
Enterrado vivo
Sentimento do mundo
O amor bate na aorta
Coração numeroso
E agora?
O mito, o campo, de flores, a escada
Política literária, os mortos de sobrecasaca
A música barata, o relógio, a procura da poesia
E agora?
O bonde não virá mais, a rua não virá mais, o rio não virá mais
A máquina do mundo
E agora José Jorge?

QUESTÃO DE COR?

(A partir da identificação de pretos e pardos segundo as profissões, num dos raros documentos de época que relacionam profissão e cor – os atestados de óbito -, entre 1920 e 1943. Conforme o Arquivo Municipal de Vassouras/RJ)

Datilógrafo, não
Tabelião, não
Empreiteiro, não
Industrial, não
Oficial de Justiça, não
Relojoeiro, não
Hoteleiro, não
Barbeiro, não
Capitalista, não
Administrador de fazenda, não
Fazendeiro, não
Engenheiro, não
Professor, não
Muito trabalho por jornada
Muito emprego doméstico
Muitos mendigos
Jornalista, não
Advogado, não
Comerciante, não
Dentista, não
Ai de mim!

SÀNGÓ

Por que você não levantou cedo e começou a dançar?
Héhè, héhè, baba ô
Obá ka wo
Pacto semântico de estruturação institucional, ké
Cósmico, edù-àrá, quente, coesão grupal, egbé
Princípio civilizatório inaugural a se realizar resurgente
Sereé, kaó kabiesile!

BALÉ DO CAIS DO VALONGO

Para Rhodnie Désir

Enchanté
Littéraire
Littéralement
Pour la force
Désespérément
Sublime
D'une culture
Qui commencé par laver
De la terre, les détritus des hommes
Il fait un silence profond par tout
Ni le bruit de la rue moderne surpasse
D'où cet son qui traîne les pieds?
D'où cette dance des morts et des vivants travers du temps?
D'où cette langueur amoureuse?
À la lettre
Il y a avait un enchantment de femme noire dans l'aire

GRAMATICAL SENTIMENTO

Ênclise de mim mesmo
Entre ciosa acentuação de prosódia, a evitar
Silabada de mal-me-quer, e o encontro
Mnemônico que me leva a ti, hiato
De minha vida, pleonasmo de amor desvairado
Hipérbato de sentimentos vãos, alegoria de minha dor
Ó silepse de meu verbo irregular, catacrese de minh'alma rala
Que para si meu querer toma
Ó sintaxe de história minha
De qual verbo provenho, em que modo? Em que tempo?
Afastado dos paradigmas, dei-me a própria voz
Antes roubada por tão inebriante paixão
Tantas vezes a morte apercebida!
Onde acolher o fraco humano
De tanto engano, de tão desregrada vida?

EM BUSCA DA ONTOLOGIA DO SER

Diferença e analogia
Paixão de compreender a terra em sintonia com o ser
Revelar novas perspectivas éticas universais
De sentir
Comunitária, ubuntu, ayó como princípio de natureza filosófica
Penso, não porque existo mas porque existimos sem cor existencial
Consciência histórica de si milenar
Danço, caminho para novos termos das disputas de sentido
E modos de viver
Respeito, cuidado, partilha
O peixe, o pássaro, a mãe ancestral
Ser-com-os-outros em comunicação transcultural
Sobre o melhor para a vida
Utopia, temporalidade constituinte
Jogo de linguagem em que me encontro
Como é o caso do homem.

JOSÉ JORGE SIQUEIRA. Historiador por profissão, a poesia (bissexta) por desmandos – a buscar na história a dimensão poética da vida. Autor de, Entre Orfeu e Xangô. A emergência de uma nova consciência sobre a questão do negro no Brasil, 1944/1968. Pallas, 2008; artigos em revistas especializadas sobre História e historiografia, assim como capítulos e organização de livros. Assina ainda Sarapuí (sorver-te), poesia. Letra Capital, 2015; Cadernos Negros (poesia), 18, 19, 21 (Melhores Poemas) e 41.

Amor e outras revoluções

JUREMA ARAUJO

Amor e outras revoluções

A NEGRA QUE SOU

Queria menos
Que a vida me arrancasse menos
Queria mais
Estar mais:
inteira, intacta,
preservada.
Queria curar minha pele
como se nada houvesse me açoitado!
Mas olho para mim mutilada
E vejo a ausência
Que molda o meu todo
então, sou inteira
na minha falta de pedaços.
Queria menos
Estar menos louca
Mas metade loucura
Revela metade sanidade
E descubro-me um todo
que é minha metade.
E sempre no todo a metade,
na metade o todo,
vou, quebra cabeça
que se esfarela no tempo
E nele se recria
Sou jogo que se desencaixa
Para se transformar
E que se reencaixa, deformada,
transtornada,
uma outra,
tempestade, calmaria;

o porto inseguro
no qual me apoio.
E quando percebo tudo certo,
Me desmonto!
E quando não me desmonto,
é a vida que me quebra.
Se reta ou torta
Não importa!
Se Inteira,
ou quebrada!
Se sorridente,
Ou cerrando os dentes!
Sempre sobrevivente!
E sigo.

A VIDA DOS BICHOS

Sou uma porca;
os porcos comem verduras cruas e podres
e eu sou uma porca.
Você é um burro;
os burros pastam
para puxarem as carroças dos nossos donos.
Eu, a porca, gesto burros e porcos
para puxarem as carroças dos nossos donos.
Você, burro, fecunda-me.
Venha! Venha encher esse curral chiqueiro de burros e porcos!
Vamos! Temos direito ao capim e aos legumes podres!
Coma! Coma todo o capim,
coma todo o legume podre,
lembre-se que você é um burro
e dê graças ao senhor!

VÔO SINESTÉSICO

Comprei uma lingerie transparente para mim
Visto-a. E diante do espelho, aprecio
Minha vulva nua dentro da calcinha

Conjunto de carninhas e dobras e pregas em sentido vertical
esconde uma pequena fenda
Caminho da liberdade para o gozo
Caminho da liberdade para a vida

Imagino-me envolvida por um corpo sem rosto
Alto, forte, com o peito largo e musculoso, sem exageros
Passeio os olhos até a sua virilha
E vejo seu pênis perfeito, de seta perfeita
como uma rija lança feita de carne
pronta para ser abocanhada, ao mesmo tempo,
Com carinho e vigor e como um eco
Repito, repito, repito o passeio da boca
Até que jorre o líquido desse chocolate quente

Abro os olhos e vejo-me com a calcinha invadida
Por meus dedos ousados, molhados, encharcados
Que meto na boca e tiro e sigo com a língua seus contornos
provando o meu próprio sabor

Continuo minha viagem aos delírios íntimos
Ao lado do meu parceiro sem rosto de seta em riste
Que seca em minha roupa íntima que comprei para mim

E eu embolo molhos e unto e besunto

Minha vulva despida de pelos
E pelo espelho, eu olho os olhos do homem sem rosto
Flamejantes, fulgurantes, ardentes
Seus braços me envolvem e me apertam
Até eu perder o ar e me soltam
Para eu poder respirar

Seus dentes me mordem o ombro, minha nuca
Com uma mão apertando minha coxa
E a outra apertando minha vulva quente a té a dor
E solta! para colher os meus seios e pressioná-los
E solta! Para puxar meus cabelos
Forçando-me para trás a cabeça
Deixando exposto o pescoço para receber
Mordidas vampiras que devoram minha orelha

Eu abro os meus olhos e sinto-me completamente
Entumecida no grão
Deixando a cadeira com uma parte molhada
Então, insana, abaixo-me e lá passo a língua

E me imagino levando setadas, setadas na boca
Que vão até a minha garganta
E na hora do jorro, o homem sem rosto
Prende minha cara tão rente a sua virilha
Que respiro seus pelos
E ele lança o suco na minha goela
E se deixa desentumecer lá dentro
Saindo bem devagar, deixando
Um rastro de sobra láctea na minha língua

Sua seta, já ereta, aponta certeira a meta

E me entra na fenda e volta e afunda
Mergulha dentro de mim
Aos poucos, eu pouso e
Rumo ao banho quente.

CRÍTICA AO EXTERMÍNIO

O burguês tem insônia
preocupa-se com a juventude do país
conhece velhas canções para chamar o sono e diz:
Um jovem negro incomoda muito a gente,
dois jovens negros incomodam, incomodam muito mais,
dois jovens negros incomodam, incomodam muito a gente,
três jovens negros incomodam, incomodam, incomodam muito mais...
Melhor matá-los!
Vira-se para o canto e dorme feliz!

SE O MUNDO ACABASSE

Se o mundo acabasse,
gostaria que acabasse em boca,
pra eu morrer beijada
em cada parte do meu corpo.

Sou uma artista plástica do beijo
Apaixonada pela minha arte
Pelo meu objeto de criação

E com meu pincel molhado
Preencho contornos,
Roubando a forma do que desenho

Degusto lábios como frutas,
mordendo-lhes deliciosamente a poupa,
deixando-me escorrer um pouco de suco...

Ah...ai,ai,ai...
Se o mundo acabasse em beijos...

LAMENTO (OU O MAIOR GOLPE DO MUNDO, OU, A DOR DOS POBRES É PIEGUICE PARA OS INTELECTUAIS E OUTROS PSEUDOS AIS)

Perdi meu filho querido
Na estrada da minha vida
Choro lágrima doída
Do meu coração partido

Choro meu filho sumido
A minha cria perdida
Que não perdi para a vida
Perdi para a morte violenta

Isso mãe nenhuma aguenta
É a dor da mais doída
É ter a alma retorcida
É ferida que não cura

Estou andando à procura
De paralisar o tempo
Para desfazer o momento
Da tragédia acontecida

De resto, também morri
Naquele exato instante
Lembrar seu rosto é calmante
Pro meu viver sem sentido.

IMPROVÁVEL RESSURREIÇÃO

Grávida do filho morto
caminha em busca
da sua prenhez de saudade
ela mesma quer ser regestada
virando semente
no tamanho da eternidade.
Sentada na cama
no vazio do quarto
espera o infinito
o inacontecível;
então, chora.

SOLIDARIEDADE

Ei, me dê a mão!
Seus olhos estão injetados de ódio?
Os meus também, irmão!
O sangue que corre em suas veias
É o mesmo que escorre pras valas!
Olhe as velas!
Iluminam o corpo estendido na estrada!
Somos nós, irmão!
Cante uma canção
Que me faça detonar monumentos!
Me inspire instantes de impulso!
"Cadê seus corações?"-
Nos perguntarão-
Os ratos roeram!
E o que cuspimos
É tão necrosado
Quanto o que nos enfiaram goela abaixo!
Sim, irmão!
Sabe as flores das beiras dos caminhos?
Murcharam todas,
Não chore!
Seus canais lacrimais
estão entupidos de cimento!
Não corra!
Você não tem direito às fortalezas!
Não morra, agora, irmão!
Antes deixe suas marcas nas ruas!
Precisamos de uma consciência histórica!
Sim, irmão!
Para explicar nossos sorrisos cândidos

ao rasgarmos, sedentos, suas carnes!
Agora, vem!
Me dê a mão!

À NANÃ

Não encontro
Nem uma canção
para me apoiar,
nem compositor que me faça uma;
nenhuma.
Só existem
Minha solidão
e meus olhos
molhados de água.
Cada pingo é um rio
cada rio, uma nascente
e todas as nascentes
pertencem ao fundo da terra.
Mãe,
Terra, me leva de volta,
me gesta, me pare,
Porque estou morta.

FRUTO DA DIÁSPORA

Sou fruto da diáspora.
Minh'alma migra pelos sentimentos
meu coração descansa um momento
para logo migrar vida afora;
trago em meu corpo-memória
a história da minha terra
e em meu peito se encerra
dor, amor, arte e alegria.

Viajo por toda parte,
fazendo brotar pessoas,
espalhando conhecimentos,
mudando comportamentos.

Sou neta da diáspora.
Sou bisneta da diáspora.
Trago comigo um lamento
misto de cárcere e liberdade,
de tristeza e de verdade,
com notas de felicidade
costuradas pela linha do tempo.

Eu, poeta **JUREMA DE ARAUJO**, componho desde os 14 anos. Sou carioca, nascida na maternidade Herculano Pinheiro, em Madureira, moradora do conjunto habitacional IAPI, hoje conhecido como Amarelinho, compondo o Complexo de Acari. Fiz letras na Universidade Federal Fluminense e atuo na área da Educação Pública, ministrando aulas para o Ensino Médio da Rede Estadual de Ensino. Esse ano, completarei 52 anos. Tenho uma filha, compus poemas, já plantei árvores, mas nunca publiquei um livro. E para fechar minha autobiografia, digo que

> Sou uma bezerra desmamada,
> Filha de um boi morto
> com uma vaca que foi pro brejo!
> Estourou a boiada,
> Fiquei só no curral!

Amor e outras revoluções

LIA VIEIRA

Amor e outras revoluções

NÓS VOLÁTEIS

Billie Holliday e aquela solidão arretada,
numa noite de sábado.
O feriadão levara as pessoas.
Para disfarçar o tempo, queimou um comercial
e ligou a tevê sem o som.
Para ocupar suas ideias,
uma variação de literatura esotérica.
Nesta digressão filosófica, o teto começou a vibrar.
Atentou para o ruído e
percebeu que a libido no apartamento de cima começara.
Estavam literalmente fudendo na sua cabeça
Aqueles rangidos e gemidos ritmados
lhe despertaram desejos adormecido até então.
Seu corpo retesou-se e arqueou-se em ondas, enquanto a dupla alienígena
contemplava a encenação.
Lá fora, a vida fervilhava, e ela
solitariamente pegava uma carona
nesse trem de fantasias.

ÂNSIA

Pisca a memória
Imagens de tempos remotos
E também de coisas recentes.
O ar está pesado
tem estado
No mundo lá fora há fome,
não se come.
No mundo cá dentro há cansaço.
Há um medo grande
uma coisa de susto.
Como se fosse acontecer
não brotar nunca mais.
Há algo disforme cá dentro.
loucura que explode
prestes a estilhaçar / alma de vidro.
Talvez seja a resposta que espero ...
talvez seja apenas meu ego,
egocêntrico, egoísta, que,
latejante ...
deseja amor.

CURIÓ

Ele era sempre sorriso e riso
E gargalhadas escancaradas.
Dançava samba de roda, jogava capoeira,
animava bailes.
O cabelo bem cometido sob a leve camada de óleo
Os sapatos de um engraxado absoluto,
o brilho retumbante.
A tranquila camisa de seda.
No pescoço, a conta grossa de aço.
Simpatia e adjacências. Mútua reciprocidade.
Curió de Vila Isabel. Gostavam dele. Ele de todos.
De pé ele estava, ali na parada de ônibus:
A viatura se aproxima.
"Abra os bolsos! Vire de costas! Mostre as mãos! "
Alguns protestos. O policial se redobrou.
"Entre na viatura"...
Curió, o rosto anoitecido retrucou :
Nestas terras seu moço, nunca ninguém não ousou.
Nenhuma afronta sem troco.
Nem agravo sem resposta.
A lei chamou outro da lei.
Tiros, gritos, correria...
O Curió calou o canto do encanto.
Só o sussurro das asas
Em sumida revoada.
Assassinato diário de pássaros.

MULHER DE MARINHEIRO

Não há mais fuligens nos navios
Assim como não há rolos de fumaças nas chaminés
Chegastes ...
Não me trouxe sedas, não me quedei em mirra, incensos ou alecrim
para te receber.
Fui envolvida pelas histórias
de cada porto que passastes
desprezadas por certo
as infidelidades que em cada um praticastes.
Por banquete o que mais certamente aprecias
meu corpo
E dele nossos suspiros e nossos ais.
A brisa da terra firme
mantendo ela agora a guarda
roça o semblante do amado
nela antevejo o alento das marés.
Bons-dias – não fosse a folhinha a correr para frente.
Nossa vida uma só peça
braços para te receber, mãos para adeus acenar.
Passagens de idas e vindas
paisagem certa, momentos incertos.
Outra vez partirás
Te sigo até onde a vista não alcança
Volto a remexer no presente já passado
folgando relembrar suas andanças.
Mais uma vez, invento o cais ...
- Porto seguro, jamais.

MULHER TORTURADA

Que prêmio receberão os carrascos
pela realização de sua carreira torpe ?
A mim, cabe sofrer as consequências em martírio
para salvar a minha ideologia.
saciar através dele
a fome de igualdade e fraternidade
no meio social a que pertenço.

NÃO SEI FAZER O JOGO

A pressa dele em me infligir dor,
dói mais psíquica que fisicamente.
Que prepotência em querer ser
negando a razão que só a Deus pertence.
Uma visão insignificante face ao supremo poder.
Pequenez humana que mesmo em mim se traduz ...
porque agora, um torpor me invade o corpo,
me isenta da dor , do açoite, do pensar,
SOU POSTA DE CARNE.
E ele em paz com sua consciência pagã.
Minha convicção irradia meu corpo, mente, coração.
Ninguém sofre mais do que lhe é permitido sofrer.
MEU VERDUGO GOZA.
Meus olhos marejam em suprema humilhação.
NÃO HÁ TEMPO INTERIOR.
NÃO HÁ TEMPO EXTERIOR.
Só a luta satânica desigual contra Deus.
Diminuem então qualquer sensação,
no ar conhecidos perfumes
terra, vida, flor, mar
região distinta sem classes e sem poder
elo forte que não se romperá jamais.
NÃO FUI HERÓI.FUI GRANDE.
Não lhes dei o prêmio.
De que lhes valerá meu cadáver ?
Indiferente a plateia, saí ... ilesa.

SOLEDAD

Busco su voz
En cada vaso de vino
por las noches como arrepentido
Qué poemas nuevos fuiste a buscar?
Camino nuevo? Sueños azul?
Busco su voz
Canto esperanza olvidada
Semillas de inmensidad
Que alumbra mi alma serena
Curtida de soledad.

L'AMOUR

Ah, l'amour
aimer n'est pas un vice
d'une revêrie d'été
Tu me rend folle
a une manière douce,
plein de vie, atroce.

ABORTO UM DIREITO SÓ MEU

Amei Gilberto, Miguel, Roberto
Arrebatadamente, sonhos de amor primeiro
E tive Lia,
Melanie,
Alex.
Amei Paulinhos (foram dois), Jorge, Vilela
Amores confusos e tumultuados
Delírios de amor e carne.
E tive Isabela,
Ágata,
Mel
Fui amado por Steve (meu amor canadense),
Toni (amor manso como o que) e tive
Deidre,
Ayô e Romeu.
Pais e Filhos que nunca se conheceram.
Aborto … um direito só meu.

AUTO-BIOGRAFIA

Nasci grande
nasci escrevendo
Já Negra bela
Já Mulher.
Passei por mãos que me burilaram a forma
E me conservaram a essência.
Trilhei caminhos
Virei mundos
Busquei céus
Construí vidas.
Cantei cantos
Chorei desencantos
Edifiquei sonhos
Fiz revoltas
Pratiquei vida.
Ousei, questionei, debati
Encontrei na escrita
A forma, a força, feliz
E nela sobrevivi.

FÊMEA/MULHER

Às vezes meu coração fala
minhas mãos, estas-estão sempre
traduzindo meu pensar.
Meus olhos têm imãs
mas poucos, só poucos conseguem percebê-los.
Minhas pernas se expressam pelo
movimento
querendo da mesma forma que os pés
impedir que os detenham em seu percurso,
passando veladamente à cabeça
O ato da ação
refletido
em palavras,
gestos,
na própria vibração
Todo meu Eu corporificado
centralizando no umbigo
a Fêmea/Mulher em constante vigília.

LIA VIEIRA - economista, professora, escritora, especialista em relações étnico raciais e afro-empreendedora na empresa Ashanti Viagens desde 2002. Tem experiência na formação de professores para a diversidade racial, movimentos sociais e educação, relações raciais, diversidade cultural e gênero.

É pesquisadora, pela ASPECAB – Associação de Pesquisa da Cultura Afro-Brasileira, organização não governamental, sem fins lucrativos, fundada em dezembro de 1989, cuja equipe multidisciplinar vem atuando na mobilização e articulação de mulheres, adolescentes e meninas negras em torno de temas e ações que propiciem o combate ao racismo e o sexismo. Vem elaborando, ao longo deste tempo, um programa de formação e informação de mulheres, adolescentes e meninas negras, através de cursos, seminários, publicações e vídeos. Além de proferir palestras, cursos e conferências, em instituições públicas e privadas, sobre temas das suas áreas de atuação no Brasil e no exterior.

Obras individuais: "Eu, mulher – mural de poesias". Niterói/Rio de Janeiro: Edição da autora, 1990. "Chica da Silva – a mulher que inventou o mar". Rio de Janeiro: produtor Editorial Independente, 2001. "Só as Mulheres Sangram" – B.Horizonte - MG – Ed Nandyala - 1a. Edição 2011 – 2a. Edição 2017

Antologias: "Mural Ane – nº 2". Niterói: Associação **Niteroiense** de Escritores, 1990. "Vozes mulheres – mural de poesias". Niterói: Edição coletiva, 1991. "Revista Presença da Mulher", edição comemorativa dos 5 anos, 1991. "Jornal Fanzine Ecos Urbanos" - 1992. "Cadernos Negros", volumes 14, 15, 16, 18, 19, 20, 22, 24, 26, 28. São Paulo: Edição dos Autores. Quilombhoje. "Mulher negra faz poesia". Rio de Janeiro: CEAP,1993,"Água,escondida".Niterói,1994. "Moving beyond boundaries. International Dimension of Black Women's Writing" (edited by Carole Boyce Davies and 'Molara Ogundipe-Leslie). London: Pluto Press, 1995. "Cadernos Negros: três décadas". (Org. Esmeralda Ribeiro e Márcio Barbosa). São Paulo: Quilombhoje / SEPPIR, 2008. "Finally Us: contemporary black brazilian women writers" (1995) – ed. bilingue – editado por Miriam Alves. "Women writers, black, in Brazil, literature, written by women of African descent in Brazil". Carolyn Richardson. DURHAM, 1999. "Women righting – mulheres escrevendo: afro-brazilian women's short fiction". (Edited by Miriam Alves e Maria Helena Lima. Bilingual edition). London: Mango Publishing, 2005. "Literatura Afrodescendência no Brasil - Antologia Poética – Contemporaneidade" - Eduardo de Assis - Org. Belo Horizonte Editora UFMG, 2011. "Literatura Afro-brasileira: 100 autores do século XVIII ao XX" - Eduardo de Assis Duarte (Coordenação).Rio de Janeiro - Editora Pallas, 2014."Ogum's toques negros- Coletânea Poética"/ Organização de Guellwaar Adun; Mel Adun; Alex Rattes - Salvador - Ed. Ogum's Toques Negros – 2014 "Olhos de Azeviche - Contos e Crônicas" - 10 autores negras - organização de Vagner Amaro - Rio de Janeiro - Ed. Malê - - 2017

Amor e outras revoluções

LUIS TURIBA

ERGO

não desapego
desse chamego
de voo cego

chego cedo
seco em segredo
desassossego

apelo aos elos
não peço arrego
- cruz credo! –

revelo a esmo
teu desmantelo
& ao sê-lo
ergo

QUEM MANDOU MATAR MARIELLE?!

há um dono
pra cada pedaço
de calçada

um gerente
só pra controlar
quarteirão

são fronteiras
barreiras
valem nada

condomínios
na barra
casarões

galeras
e hordas
em guerrilhas

são tropas
comandos
são quadrilhas

são milícias
polícias
sem treliças

são mandantes
estão de

fuzil na mão

de que lado
fico isso
vai dar merda

mas eu
vou perguntar
quem me responde?

o juiz ministro
a pastora o bispo
quer saber?

quem mandou matar Marielle
quem mandou matar Marielle

não tem cara
não tem corpo
não tem osso
nem tem pele?

quem escraviza
a favela
quem apagou
Marighela?

não se renda
não se esconda
não se encubra
nem se fira

não tem cana
nem xadrez
não tem vez
nem tem cela

quem mandou matar Marielle
quem mandou matar Marielle

não fui eu
mas sou ela
fomos nós
sou uma delas

onde está
o Amarildo?
quem fuzilou
Marielle?

quem criou esse mundo asco
quem é o mandante do carrasco?

LAROYÊ

(um poema farofa com dendê)

I

são todas as fuzerca
num só fuzuê
ser ou não ser
eis meu poema padê

II

das pré-coisas aos pós-tudo
dura (alex) se há dialética
tramas signos mantras betas
todo poema é um ser galático
....
quem vem a este fausto léxico?

III

o Sol enluciferou-se
em fértil fera - nasce Exu
(e já que estava nascido
jamais deixou de nascer)
uiva quase um olhar verde
movido a raios de acre
dá a impressão que é rasgado
- na verdade um discarado.
corre caminhos dobrados
contudo ninguém lhe vê
que mara-mara-maravilha hêe

Egito......Laroyê!!!

IV

é o demo dos cruzos alados
- diz Pierre Verger
zangado sapata a pedra
até a rocha sangrar
tem o ágil do macaco
um impulso a tigrá-lo.
não se deixa de ofertar-lhe
lhe cobrir e lhe benzer
se em santa ceia xirê
eis o primeiro a padê
não me pegue não me toque
quero vê-lo em Ilu-Ayê

V

nascido de uma pedra yang
ele habita um Baobá
mesmo sem sobrenomes
elegante é Elegbara
kyzulado faz kyzumbas
zykyzyras & kiprokós
anjo de ar Mônico
das mil manhas e maquetes
sempre um fio-equilíbrio
doce o mel: forte o dendê
sócio de Orumilá
neto de Oduduá
filho do Deus-Dará

saravá

VI

eh hê...eh hâ
tem exu em Carybé
em Valentim, em Mário Cravo
desde Gregório de Matos
tem exu na poesia
tem Exu em Assis-Machado
(leiam: A Igreja do Diabo)
exu é Deus e o Diabo
no seco sertão de Glauber
é a cabeça do cavalo
em Guernica de Picasso
tem Exu até nas lesmas
do mago Manoel de Barros
exu é o demo em Rosas
no meio do redemoinho
sempre esteve entre os Andrades
— quem era Macunaíma?
vácuo do Sol com a Lua
entre estrelas e entrelinhas

VII

clip dos sem limites
chip da ordem cósmica
negro Exu foi rei em Ketu
hoje é a tecnologia
orixá super-star
herói dos sem-vez-nem-voz

ereto é éter que flama
ori axé vinho de palma
quando chega avião-ponte
quando sai: ecxoceta
de estrutura toda em sete
só moléculas de prazer
do que avizinha e vicia
tezudeza e vida Erê
ser cavalo em Xorokê
força que cheira e excita
evoé & laroyê !!

salve salve exu guerreiro
salve salve meu parceiro

SUS TENTA BILIDADE

o pior cego
é aquele que não quer VERDE

------------------§------------------

lágrima na floresta
testemunha sexo selvagem
entre a motosserra e a árvore

-------------------§----------------

sou selva uma
querem-me toras
se viva, verde
se morta, dólar

-------------------§----------------

ou a gente se Raoni
ou a gente se Sting
uma metade passa fome
outra metade faz regime

LÍNGUA À BRASILEIRA

Ó órgão vernacular alongado
Hábil áspero ponteado
Móvel Nobel ágil tátil
Amálgama lusa malvada
Degusta deglute deflora
Mas qual flora antropofágica
Salva a pátria mal amada

Língua-de-trapo
Língua solta
Língua ferina
Língua douta
Língua cheia de saliva
Saravá
Língua-de-fogo e fósforo
Viva & declinativa
Língua fônica apócrifa
Lusófona & arcaica
Crioula iorubáica
Língua-de-sogra Língua provecta
Língua morta & ressurecta
Língua tonal e viperina
Palmo de neolatina
Poema em linha reta
Lusíadas no fim do túnel
Caetano não fica mudo
Nem "Seo" Manoel lá da esquina

Por ti Guesa errante, afro-gueixa
O mar se abre o sol se deita

Por Mários de Sagarana
Por magos de Saramago
Viva os lábios!
Viva os livros!
Dos Rosas Campos & Netos
Os léxicos, Andrades, os êxtases
Toda a síntese da sintaxe
Dos erros milionários
Desses malandros otários
Descartáveis, de gorjetas.

Língua afiada a Machado
Afinal, cabeça afeita
Desafinada índia-preta
Por cruzas mil linguageiras
A coisa mais Língua que existe
É o beijos da impureza
Desta Língua que adeja
Toda a brisa brasileira
Por mim,
      Tupi,
           Por tu Guesa

RÉSTIA

vitórias em gotas
vida de guerrilha

camuflado avanço
vietcong de utopias

tristes trincheiras
barricadas pântanos

saídas rápidas
pelos flancos

pontes destruídas
sem deixar rastros

aniquilando o inimigo
pelo próprio umbigo

munição termina
inês é torta

fugir da mina
pular na sorte

fingir-se morto
para quem sabe

ressuscitar-se
em um próximo parto

ou no infinito vago
de um findo porto

GLO(BAR)LIBAR

Bar: três letras que bebem sem parar
Enquanto o mundo pulsa fragmentos
Numa verdadeira CPI da existência
Giuliani é estraçalhado mortalmente
Por um míssil à queima-roupa terra-ar

A guerra nas estrelas sangra o asfalto
Então todas as feridas estão expostas
Como é bonita a voz de Bono em Walk On
Os sem-terra são (assim) tão pós-modernos
Essa calcinha-fashion Bündchen é tira-sono

Assim na terra como no céu tudo é inferno
Na favela: trabalhador criança avião soldado
Invado? Invada: aqui & lá está tudo armado
Love's Paredes rebeliões d'encapuzados
Massacres epidemias: onde fica a ONU?
Há dialética nessa tal de guerra étnica?
Ah... Se eu tivesse nascido um bam-bam-bam
Um Rivaldo uma Xuxa um Lula um a mais
Um traficante general punk perna de pau
(para Niemeyer, W. Bush é um esgoto)
Quem sabe seria eu um instrumento
Do jornalismo da poesia-ciência – um ovo
Quando teremos nova guerrilha na Febem?
Por que não protocolam o protocolo de Kyoto?

No céu um jato rasga a mata azul de ozônio
Abaixem-se: lá vem um jipe em marcha-ré

Os neonazistas atacam e ateiam fogo
E eu aqui, heterônimo do poeta Zé Limeira
Um vento que balança as praias fofoqueiras
Que de tanto versejar morreu afônico
Pois então... Enroladíssimo nos fios da espionagem
Satélites HIV G-8 New York Times Chernobyl Êxodo Ira Greenpeace Mais uma bomba: meu Deus, que foi que fiz? Glo(bar)
libar é discutir a Terra no bar
Banalizar o bar libar em taças espumantes
Embananar com teses raras & arfantes
O ar rarefeito que causam as balas perdidas
Ao encontrar os nossos corações errantes
Um dia te levo até o Motel Carandiru
E banco uma noitada no Pavilhão 9

Afinal... Sou um afrodescendente sou transcendente
Sou um negrobrasileiro bonito às pampas
Sou índio sou vira-lata sou puro-sangue
Judeu gay lésbica paraplégico sou cigano
Ali no front um soldado faz sua guarda
No jardim a flor aflora que importa a guerra
O poder na ponta do fuzil, diz Mao Tsé Tung
O poder é um cheque do FMI: tango argentino
Milhões são excluídos: chinos & latinos
Milhões estão nas ruas e fazem a cena
Caramuru Raoni Juruna Marcos Terena
Zumbi Pelé João Cândido & Carlos Moura
Benê, Caó & Abdias: são afros bambas
E eu... vou levando o planeta em rodas de samba
Preconceito racial é a negação do ser humano
Ninguém afronta: fecha o pano e enrola a conta

LAMAR

não é doce morrer no rio Doce
quando o próprio rio morre de si

morre do barro na marra do berro
da barragem que abreviou sua morte

de que birra é feita esse barro
de que lama se extrai esse ferro

que achocolatado corre ao sabor de
arsênio chumbo nitrato de prata & bário

mata a água que deságua em cloreto de
cobre zinco manganês mercúrio - e cromo?!

é rosa espúrio, mas o bom cabrito não berra
o que sai do garimpo não nega a terra

água da vida nasce em samarcas garrafas
quem bebeu o Doce nem sequer regalou-se

há uma luta insana entre a lâmina da lama lúgubre
e as ondas que clamam ar junto ao mar oceânico

o cortejo fluvial chega arrosado ao atlântico
roda minério no rumo que o vento o levar

a sílica com sua liga cínica faz da lama
coagulante tijolo flutuante - é soda!!

a vila parou pra ver a lama chegar e chorou
o chorume vomitado nas águas do planeta

uma flor sobrevive ao barro na contracorrente
incorruptível do brejo pântano da lama humana

TRAVESSIA

só tinha o mar pela frente
não um mar-mãe
mas madrasta drástica
cáustica q expurga
a mão que não
escolhe a quem recolhe
a quem expulsa avulsa no
mar vivo de mortos vivos
em ilhas-botes de extermínio
cuja respiração uníssona
já não vos pertence
mas a gaivotas tubarões
traficantes de almas de
futuro indesejado em terras
de outros donos
outros comandos
desmandos insanos
o mar pela frente tem fome
te engole em goles náufragos

só tinha o mar pela frente
naquela solidão solidária
sem muralha sem parede sem cabelo
aquele mar que não finda
sem direção nem estima
onde a prece tem pressa
pra não vos fazer de pesca
a confiança desconfia
e tudo em volta é sal puro
sol quente céu imenso

na pele ressecada
de partida sem chegada
morte de afogado
no gélido lamento sem eco
pra quem só tem o mar pela frente
para trás para os lados
para... sempre

BRASILEIRO

sou quilombola nego fujão
desempregado de filas e filhos
índio beberrão resto de feira suicida
dependente de álcool crack & drogas

tô pedindo,
    podia tá assaltando
tô me matando,
    podia tá produzindo

fui esquecido por meus pais
por meu País
meu corpo é trans, minha mente cíclica
vítima de preconceito abandono & cobiça
o que era meu o gato comeu,
      & o corrupto levou
nem meu fundo de garantia garantiu
comeram minhas sobras minhas sombras
minhas sogras
me arrancaram as vísceras
a escola educação & o pulsar do coração

cambiaram ideologia por propinas
utopias por malas de quinhentos
fui ao SUS e o Sus não há mais
tomei tiros porrada e bombas
sou ogan de ogun
devoto ex-voto de são Jorge & santo Expedito
nossa senhora arrependida
iemanjá ressaqueada

faço louvação sem ser louvado
não tenho tostão nem pra bendita
meu futuro é uma cenoura pra cavalo

pai, me dá um fuzil por clemência
não serei ser ausente
– onde jaz, civil?

LUIS TURIBA, poeta ativo, jornalista aposentado. Articulista, editor, assessor de imprensa, produtor cultural.

A objetividade do jornalismo dá base para a linguagem complexa de seus poemas.

Turiba tem seis livros de poesia publicados. Pernambucano, criado no Rio de Janeiro, viveu 32 anos em Brasília, mas "jura que não tem culpa", parafraseando o poeta Nicolas Beher. Está com a idade do Maracanã. Façam as contas que vai dar 69.

Foi editor da revista de poesia experimental BRIC-A-BRAC, editada em Brasília de 1986 a 1992, quanto foram publicadas uma série de entrevistas-documentos, entre as quais destacam-se a super-entrevista que apresentou ao Brasil e ao mundo o então desconhecido poeta Manoel de Barros.

Outros nomes entrevistados para a Bric: o poeta concretista Augusto de Campos, o bibliófilo José Mindlin; os cantores e compositores Paulinho da Viola e Caetano Veloso; o antropólogo e babalorixá francês Pierre Verger; dra. Nilse da Silveira.

Dirigiu e roteirizou alguns filmes institucionais, tais como: História do Sindicato dos Jornalistas do DF; Gilberto Gil na ONU; Samba no Japão; um institucional de 10 minutos para a AMBr; e clipe do samba "Farrei, farrei até o sol raia" do bloco Mistura de Santa, para o carnaval de 2019.

Ganhou dois Prêmios Esso: no Correio Braziliense sobre a máfia dos Condomínios Ilegais em Brasília; e outro no Caderno de Cultura pelo Jornal de Brasília sobre o roqueiro Renato Russo por ocasião da sua morte.

Pelo Jornal de Brasília entrevistou em Buenos Aires o escritor e poeta Jorge Luís Borges. Considera essa entrevista "o fracasso da minha vida de repórter".

Foi assessor de Comunicação do ministro Gilberto Gil no primeiro governo Lula. Editou um livro com os principais discursos do ministro, além de dois DVDs: Gil na ONU e Programa Mundial da Capoeira.

No campo da Cultura e da poesia publicou além dos seis números da revista BRIC-A-BRAC; os livros Kiprokó, em 1972; Clube do Ócio, em 1980; Luminares, Cadê? e Bala nos primeiros anos de 2.000. Em 2014, publicou "Qtais" pela editoria 7Letras, do Rio de Janeiro. Participou do livro sobre os 70 anos de Chico Buarque, organizado pela professora Sylvia Cyntrão, da UnB. Tem um livro inédito de poemas: "Desacontecimentos Extraordinários" a sair em 2019.

Mora atualmente no Rio de Janeiro, onde é ligado ao carnaval carioca: desfila na bateria da Escola de Samba São Clemente; e compões sambas para o bloco Mistura de Santa.

Amor e outras revoluções

SALGADO MARANHÃO

Amor e outras revoluções

DESLIMITES 10

(taxi blues)

eu sou o que mataram
e não morreu,
o que dança sobre os cactos
e a pedra bruta
              - eu sou a luta.
o que há sido entregue aos urubus
e de blues
    em
       blues
endominga as quartas-feiras.
              - eu sou a luz
sob a sujeira.

(noite que adentra a noite e encerra
os séculos,
farrapos das minhas etnias,
artérias inundadas de arquétipos)

eu sou ferro. eu sou a forra.

e fogo milenar desta caldeira
elevo meu imenso pau de ébano
obelisco às estrelas.

eh tempo em deslimite e desenlace!
eh tempo de látex e onipotência!
leito de terra negra
sob a água branca,
eu sou a lança,

a arca do destino sobre os búzios.

e de blues e urublues
ouço a moenda
dos novos senhores de escravos
com suas fezes de ouro
com seus corações de escarro.

eh tempo em deslimite e desenlace !
eh tempo de látex e onipotência!

eu sou a luz em seu rito de sombras
- esse intocável brilho.

VOZ

Minha carne é fibra de argila e sol
verão. Ou docas onde a dor se encuba
secretamente. Sei que em meu paiol
os androides de porre dançam rumba.
No entanto flui de mim um girassol
lilás que luz, que jazz, que mais que alumbra,
esculpe as esquadrias do arrebol
dissolve o tempo sobre a minha juba.
Já de júbilo desse pergaminho,
Aceito o temporal – redemoinho
de pedras: tanto degrau... tanta esgrima...
e ao ter somente a voz como caminho
agarro a poesia pela crina
e me arrimo na minha própria rima.

A FÊNIX

Tornei-me pássaro
em meus açores,
buscando um segundo andar
no tempo. Aro
revanches na tarde
e vívido voo em mim.

Tornei-me argila e aço. Nevo
lavas de amor e amargo. Fênix
a cantar para as cinzas.
Sinto na veia o revérbero
- nave rítmica –
a dublar o silêncio.

Pesco a manhã
- bailarina de raios –
a despir meus remendos

e essa adaga de sonhos
feita de sangue e exemplo
cravada ao coração,
meu templo.

GRÃO

todas estas fábulas
que brincam em mina fala,
passam pela boca do dragão.
levam-me ao rés do cais
dentadas de sol na cara
pontos de cicatrizes.

todos esses séculos de não
que tento enfeitar com pérolas
com gemidos e tambores.

quem me conhece
sabe o meu labor
pra tirar do chão da dor
o simples grão que sou.

MOVIMENTO

agora é outra paisagem
escrita
    no plasma
e na névoa
    a fluir
entre os dedos
como ao vento
    as aves
ávidas.
agora é outro andaime
de pedras ao xadrez do
acaso:
a cidade e sua íris fumée.

manhã AR-15
tardes AK-47
delinquem entre ratos
e toletes totens.

a cidade em seu afã
a comer hot-dogmas
e balas de hortelã.

DESLIMITES 4

(dança de máscaras)

&- navalha um sol de azeviche
negride
- guerreiro em dorso de pedra
desfruto de um tempo
escultor de tragédias.

procissão de navegantes rotos
clamores
que tocam para o sr. ninguém,
ventos que sopram para lugar nenhum,
assassinos que anunciam santos.

&- auroram prímulas de sangue
     e amargaridas
ávidas
nos meninos que trepam na chuva.

vagam vagões no caos
        - refúgios de ciclones –
risos e releases
almas de silicone.

onde se esgota a semântica do esgoto,
o tecido frugal do ser,
o ácido licor da espera?

.
&- vera primavera
       ao herói

e sua era,
rompe a lírica dos deuses
e sua dança de enigmas.

desentrevam luzes à barbárie.

e os surdos ouvem
e os cegos veem.

A MIRADA

Minha retina
assina o vazio
        em branco.

Pagina vultos, espectros
em movimento: máquina
de cicatrizes.

Ressurjo ao limbo
da noite sem memória

(e obsessivos ritos
me aferram ao grito).

Tardam a brisa e o cais,
Tardam o amor e seus mares.

Meu coração – isca
de anzol – definha
em suas próprias fibras.

FELINO

dentro da jaula do peito
meu coração é um leão faminto
que devassa a madrugada
como um felino atento
seguindo a órbita da urbe
e a têmpora do tempo.
Já foi casa de marimbondos,
já foi covil de serpentes,
já foi um sol sob nuvens.
Vez em quando veste a calma
de uma floresta sem pássaros,
enquanto rosna em sigilo
afiando as garras para o próximo salto.

O AZUL E AS FARPAS

Sigo a sangrar, do peito ao vão das unhas,
os dardos do amor: o que há sido e o que há.
Naufragado ao vento de um cais sem mar
o que serei se alia ao que me opunha.
As farpas do desejo – esse tear
das aranhas da dor e sua alcunha
- fazem da luz do dia uma calúnia,
cravam no azul da tarde o zen do azar.
Tento amarrar o tempo e a corda é curta,
tento medir o nada e nada ajusta.
(Meus nervos tocam para os inimigos
que chegam sob o som de uma mazurca.)
Resta a mó do destino – o desabrigo
- a devolver meu pão de volta ao trigo.

PAISAGEM NUA

Um corpo de mulher
diz o que quer:
trópicos de cores vivas
pontos cardeais do ser.

De algum maná invisível
despencam formas de frutas
pedaços de flor e fúria.

Um corpo de mulher
pode o que quer
e reina em suas leis de lã
desarmando lanças
de furiosos invasores.

Vaza do gomo dos seios,
brota do vértice das coxas,
essa paisagem hipnótica
que ri da certeza.

SALGADO MARANHÃO (José Salgado Santos) nasceu no povoado Canabrava das Moças, município de Caxias, no estado do Maranhão; filho da camponesa Raimunda Salgado dos Santos e do comerciante Moacyr dos Santos Costa. Mudou-se para o Rio de Janeiro em 1973 (tendo antes vivido em Teresina e nesta cidade iniciado sua vida literária), onde estudou Comunicação Social, na Pontifícia Universidade Católica (PUC), e Letras na Santa Úrsula (sem concluir). É poeta, jornalista, compositor (letrista) e consultor cultural. Seus primeiros poemas foram editados na antologia "Ebulição da Escrivatura" (Civilização Brasileira, 1978). Posteriormente, publicou os seguintes livros: "Aboio – ou saga do nordestino em busca da terra prometida" (Corisco, 1984); "Punhos da Serpente" (Achiamé, 1989); "Palávora" (7Letras, 1995); "O Beijo da Fera" (7Letras, 1996); "Mural de Ventos" (José Olympio, 1998); "Sol Sanguíneo" (Imago, 2002); "Solo de Gaveta" (Sescrio. Som, 2005); "A Pelagem da Tigra" (Booklink, 2009); "A Cor da Palavra" (Imago/Fundação Biblioteca Nacional, 2010) e "O Mapa da Tribo" (7Letras, 2013). Ganhou vários prêmios, entre os quais, o Jabuti, em 1999, com o livro "Mural de Ventos"; o Prêmio de Poesia da Academia Brasileira de Letras, em 2011, com o livro "A Cor da Palavra"; o Prêmio Pen Clube de poesia, em 2014, pelo livro "O Mapa da Tribo"; o Prêmio UBE, para o "A Cor da Palavra"; e ainda o Prêmio Jabuti, 2016, para o livro "Ópera de Nãos". Seus poemas estão traduzidos em inglês, italiano, francês, alemão, sueco, hebraico, japonês e esperanto. Nos últimos 4 anos, foi convidado a participar como conferencista, em mais de 70 universidades americanas. Como compositor, tem gravações e parcerias com grandes nomes da MPB, como Alcione, Elba Ramalho, Dominguinhos, Paulino da Viola, Ivan Lins, Zizi Possi, Ney Matogrosso, Herman Torres, Elton Medeiros, Rita Ribeiro, Zé Renato, Selma Reis, Rosa Maria, Xangai, Vital Farias, Zé Américo Bastos, Moacyr Luz, Amélia Rabelo, Carlos Pitta, Gereba, Mirabô Dantas, Wagner Guimarães, Naeno e Zeca Baleiro.

Amor e outras revoluções

VIVALDE BRANDÃO COUTO FILHO

QUERO-QUERO

Meu avô me deu uma caixa de cartuchos Disse só matando um quero-quero aprendia atirar Meu avô morreu oito dias antes de nascer minha filha Luzia Na hora que ela nasceu o sol saía Olha que já tive outros momentos A vida é cheia de baleias encalhadas Não quero nem pensar no poder da vontade pois se quero quero Bonita ave belo cinza pernalta Esse quero-quero é um bicho fantástico À prova de balas à prova de inveja e à prova de caras retorcidas é um grande emblema para os que não conseguem atirar

Agora quero um beijo na boca.

CAMPEANDO NO SERRO DO ONÇA

Não pensamos muito escolhendo o caminho O caso é que esse pareceu melhor e além do mais desce Quando os cavalos caem a gente tem de ir pulando na frente deles enquanto eles vêm rolando atrás da gente O cipó de São João enrola nas patas e o tombo é inevitável Por isso a gente prefere cavalos pequenos e nunca sabe quanto tempo tem de pular sem pensar em nada Quando para a gente vê se ninguém quebrou um osso lambe os cortes ri e acende um cigarro Aí a gente pensa até na morte.

CÊ QUÉ U QUÊ?

Você sabe que as estórias das secas
Saíram
das páginas dos livros
de Graciliano Ramos
e povoou nosso tempo.

O Ciclo da natureza
Foi quebrado neste século.

Os desertos sobem degrau
a degrau as escadas
dos prédios onde ficam os seu bancos
e vão sufocar o céu.

As estrelas vão brilhar mais forte.
A lua vai cegar os homens.
E o ar vai ficar tão seco que vai queimar
os pulmões
de qualquer dragão que ousar olhar os seus cofres.

COMPREENDA

Queria dizer coisas
que certamente não valeriam
a pena
pois é pesado o castigo para o incréu

Queria dizer a você
sobre a esperança
que sofre muito quando morre.

Mas só de pensar
em como te contar
isto
que assisto todos os dias
nas ruas e nos campos que circundam a cidade

Me entristeço de tal forma
de um jeito tão triste

que te peço

Compreenda.

FARROUPILHA

Ele arremeteu o cavalo
na direção do capitão das forças imperiais.
Passou pelos estancieiros
pelo italiano pasmo
e pelos últimos guaranis.

Preparou o arremesso
e um tiro deixou-lhe a lança no ar.

Nessa hora
o esquadrão de negros montados
com a fita vermelha na cabeça
deu um urro!

Quase todos nus
gritaram uma palavra que ninguém entendeu
e por isto não está nas crônicas.

Era uma coisa africana.

Fizeram a carga
Morreram todos
Mas garantiram a vitória naquela batalha.

Canabarro Filha da Puta!
Caxias, caixa de merda!
No Cerro dos Porongos, assinaram nossa eterna condição de Senzala!

GOSTO DE VOCE QUERIDA

Gosto de você, querida
como nunca gostei
d'outra querida em minha vida.

Com você
as mesmas paisagens se tornam
mesmaspaisagensdiferentes.

E a lua saindo
entre as antenas
parece mais o maior retrato já tirado.

Com você a barca das seis
é o sol poente
brilhando nas lentes dos meus óculos.

Com você foi a primeira vez que vi
santos mortos de tanto respirar perfume
e crianças sem saber definir
alegria.

E se o dia nasce agora escuro, muito escuro
vestido de poucas estrelas
é porque você está longe.

Gosto de você querida
como nunca gostei de outra querida em minha vida.

NÃO CONSIGO ACHAR OS SEUS RETRATOS

Tudo bem, ando sozinho mesmo
por estas ruas.
Coisa no mínimo arriscada
desde que a cada esquina possa encontrar a minha sorte
e caia na minha cabeça o pesado fruto do pecado.
Os morcegos se fartam com a dúvida a cada passo.
Os Oitis plantados nos bairros mais velhos do Rio de Janeiro
derramam um cheiro doce no verão.
Daqui a pouco estarei em casa.
Pensarei em você ao fazer o café
E terei saudades.

Daqui a pouco, estarei mais velho
em um lugar diferente.
Numa cidade do interior que perdeu a sua identidade
onde até o cachorro é careta.
Daqui a pouco direi meu deus,
que porra aconteceu?
E olharei a manhã explodindo
as sabiás cantando em moto contínuo
e procurarei não ser estranho neste mundo
novo demais para tudo o que já sentimos.

O POVO

Antes o povo dormia e parava de pensar.
Sonhava só. O povo. Uma duas vezes. Nunca mais.
Antes o povo achava e não tinha certeza
ou encontrava aquilo que procurava.
Por puro acaso
o povo andava caçando alimentos água ou respostas
Era o tempo do povo humano
andando sobre o globo redondo da Terra.

O SONO SEGUE O SOL.

A porta fechou-se. Dino ganiu. Fiança alertou Lourenço.
O sono tem o lado que se abre dezenas de vezes para o oeste
Outras dezenas para o lado leste.

O sono tem nas mãos nosso descanso
e a razão do seu merecimento.
Como um Deus, exige e não aceita
as histórias dos mortais.

A porta bateu. Dino Ganiu.
Do lado oeste estrelas rolam do horizonte
Do lado leste ainda um pouco de luz.
Fiança alertou Lourenço.

VIVALDE BRANDÃO COUTO FILHO é poeta e contista, um dos fundadores do Grupo Bate-Boca de poesia que atuou nos anos de 1970/80. Participou de diversos recitais da chamada poesia marginal e publicou no período, poemas-panfletos, cadernos de poesias mimeografados e o livro Palavra e Pedra, de 1978. e participou de diversos recitais.

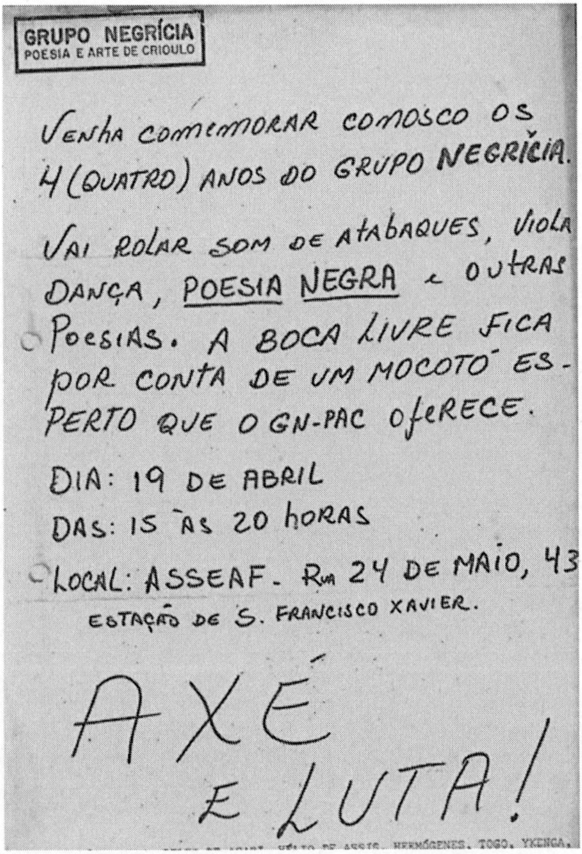

GRUPO NEGRÍCIA
POESIA E ARTE DE CRIOULO

VENHA COMEMORAR CONOSCO OS 4 (QUATRO) ANOS DO GRUPO NEGRÍCIA.

VAI ROLAR SOM DE ATABAQUES, VIOLA DANÇA, POESIA NEGRA E OUTRAS POESIAS. A BOCA LIVRE FICA POR CONTA DE UM MOCOTÓ ESPERTO QUE O GN-PAC OFERECE.

DIA: 19 DE ABRIL
DAS: 15 ÀS 20 HORAS
LOCAL: ASSEAF - RUA 24 DE MAIO, 43
ESTAÇÃO DE S. FRANCISCO XAVIER.

AXÉ E LUTA!

Cartaz de 1988. Arquivo pessoal: Éle Semog

Este livro foi composto em Arno Pro Light, impresso pela PSI, sobre papel pólen soft 80, para a Editora Malê, no Rio de Janeiro, em setembro de 2019.